ひとり旅で見つけた小さな幸せ

有川真由美

草思社

はじめに

ひとり旅をしていると、〝小さな幸せ〟に気づきやすい。

ほっこりする幸せ。ワクワクする幸せ。小躍りしたくなるような幸せ。胸がじーんと熱くなる幸せ。ドキドキしたあとのホッと肩の力が抜ける幸せ……。

それらは、ひとり旅だからこそ味わえる、小さいけれど、確かな幸せだ。

私はそんな幸せに出合うために、旅をしているんだと思う。


この本で〝ひとり旅で見つけた小さな幸せ〟をお伝えすることは、気心の知れた友人に「ちょっとうれしいことがあったの」「面白いことがあるもんだよね」「感動しちゃった」などとおしゃべりをして、喜びや楽しみを共有するのと同じ感覚だ。

私が聞いてほしいという気持ちとともに、あなたにも楽しんでほしい、面白がってほしい、知ってほしい。そそっかしくて間抜けな私を笑ってほしいという気持ちもある。

だから、あなたには、ソファーに寝そべっておしゃべりをする感覚でくつろぎ、この本のページをめくってほしいのだ。


この1年、自分でもあきれるほど、私はあちこちに旅をした。

コロナの影響で約3年、旅をせずにじっとしていたこともあり、それを取り戻してやろうとばかりに。

とにもかくにも、動きたかった。自由気ままにのびのびと行きたいところに行き、見たいものを見て、会いたい人に会い、やりたいことをやってやろうと。

海外渡航の規制がゆるくなった途端、かつて暮らしていた台湾に飛び出し、国内は北海道、沖縄、関西、関東、瀬戸内。夏にはスウェーデン、デンマークに行き、冬には奄美大島で長期滞在、年末はマレーシア、そして住まいの近くをうろうろと、まあまあ盛りだくさんだ。

それに、あとで詳しく書くが、私は年始にひとつの〝野望〟を抱いた。ずっとやりたかったがやれないでいたこと。それを今年、実現してやろうではないかと目標を打ち立て、旅に出る理由がひとつ加わった。

もともとの私は小心者で、「ひとり旅なんて怖いし、寂しいではないか」「できればだれかに連れて行ってほしい」「人と一緒にいたほうが断然楽しい」と思っていた。

ひとり旅のデビューは37歳のときで、意外に遅い。行き先は日本ではなく、いきなり南フランスだ。

当時、私は新聞社でフリー情報誌の編集をしながら、写真家としても活動していた。会社帰りにふらりと立ち寄った写真展で、パリ在住の写真家、Sさんに「写真家として上を目指したいなら、毎年アルルで開かれる世界写真展に行くといいよ」と言われたことが、ひとり旅のきっかけだ。

「世界で称賛される写真を、この目で確かめたい」「著名な写真家とはどんな人なのか、会ってみたい」。そんな気持ちが抑えられなくなり、一緒に行ってくれる人もいそうにないので、数カ月後、決死の覚悟で夏季休暇と有給休暇を合わせて10日間ほどの休みを確保し、ワクワク、ドキドキしながら旅立った。

シャルル・ド・ゴール空港に降り立ったとき、見知らぬ世界で「本当にひとりで目的地まで行けるんだろうか？」と心細くなったものだ。が、そんな不安は動いていくうちにだんだん消えていった。

「ホテルに辿り着かねば」「なにか食べる物にありつかねば」などと、感傷に浸る余裕もなかったこともあるが、旅の道中にある小さな喜びや、小さな感動が〝栄養剤〟のように心をほぐし、心をときめかせて、つぎに向かう原動力になってくれた。

安宿の主人が親切に歩いて行ける名所を教えてくれたこと。セーヌ川のほとりで素敵なストリートライブに遭遇したこと。屋台で美味しいクロワッサンを手に入れたこと。パリからアルルに向かう電車からのひまわり畑が壮大だったこと。電車で隣り合ったマダムと拙《つたな》い英語で身の上話をしたこと。アルルの世界写真展が想像を遥かに超える面白さだったこと。日本で会った写真家、Sさんと再会し、初対面の若者、60代の男性2人も合流して近隣の街をドライブしたことなど、「わーい」「きゃあ」「なんてすてき」と歓喜しているうちに旅は終わった。

あっという間の出来事でも、あの旅のことは数十年経ったいまも鮮明に覚えている。〝小さな幸せ〟は心の奥に残っていて、いまも私を支えてくれる。

そんなこんなで、私はいまもひとり旅に取り憑かれているのだ。

ひとり旅の効能は偉大だ。

もちろん、2人旅やグループの旅も楽しいが、だれかがいると、なにかしら会話をすることになる。ときには景色や料理を味わうことすら忘れて話していることもある。

ひとり旅は、すべてが自分をとりまく世界、そして自分自身との対話だ。さまざまなことをキャッチする五感の感受性が高まり、〝小さな幸せ〟に気づきやすくなる。

その場所に溶け込みやすく、ぼんやりとでもまわりに意識が向くので、小さな偶然、小さなチャンスに気づきやすいのもひとり旅ならでは。

私は旅に出ると、自動的に人格が変化して、少しばかり〝タフ〟になる。

そんないつもと違う自分になることを、私は「旅マジック」と呼んでいる。

行く先々で、友人と合流することも多いが、〝ひとり〟がデフォルトなのでタフにならざるをえない。迷いながらもひとりで目的地まで辿り着いたり、電車に乗り遅れても別な手段を考えたりして、なんとかしようとする。なんとかならないわけはないと心の奥で信じつつ。


元来、私は怠け者でもあり、原稿も「そろそろやり始めなければまずい」と冷や汗をかくような段階になって重い腰を上げる。なにもするべきことがない日は、一日中だらだらしていて、どんどん堕落していく。

それが、新幹線や飛行機のチケットを取ることや、良さげなホテルを探して予約することなど面倒なことも嬉々としてやり、旅に出ると、特段予定がない日でも、早めに起きて外出の支度をし、近場を散歩したり、カフェに入って旅先の情報を集めて〝ひとり作戦会議〟をしたりする。


そんなふうに、背筋をしゃんと伸ばして、ナチュラルに積極的になれる感覚がたまらなく心地いいのだ。

かつては見知らぬ人に声を掛けることもできなかった私だが、いまは、通りすがりの人、ホテルの人、カフェで会った人をつかまえて、「〇〇にはどうやって行けばいい？」「地元の〇〇が食べたいの。いいお店を知っていたら教えて！」とすぐさま聞く。

　ごくたまに不親切な人がいるが、多くはこちらが求めている以上のやさしさで返してくれる。


　海外で偶然、出版社の社長に出逢って、数年後にその出版社からデビュー作が生まれたのも、旅だからこそ起きた奇跡。人格が変わる「旅マジック」によって、いつもより積極的になれ、立場を超えてフラットに話せたからかもしれない。

　海外をめぐる船旅で、その社長と話が弾み、帰国後に時々、何人かで食事をする関係になった。あるとき、フリーライターをしていた私は、本の企画を思いついてメールしたことから、デビュー作『あたりまえだけどなかなかわからない働く女《ひと》のルール』（明日香出版社）は生まれた。

「人生、捨てたものではない」「声を掛ければ、そこからなにかが始まる」と、日常でも人にオープンに接することができるようになったのも、ひとり旅の効能だ。

　ひとり旅は、もちろん、いいことばかりでもない。

いちばんのデメリットは、人と共感、協力できないこと。うつくしい光景を見たときは「すごいよね〜」とだれかと感動を分かち合いたくなることもあるし、目の前にある状況について、だれかと語り合いたいときもある。食事のときは、ひとりでは入りづらいレストランもあるし、外食しても「2〜3人いたら、何品かシェアできるのに」と思うこともある。とくに困ったときは、ひとりでは心もとない。

が、しかし、そんなデメリットがあったとしても、ひとり旅にはそれを遥かに超える喜びや楽しみ、小さな幸せがある。


それに、私は稀にやってくる「寂しい」と思う感覚が嫌いではないのだ。

感動を共有できないからこそ、自分の心に深く刻もうと思ったり、「あの人に伝えよう」とメッセージを送ったり。食事はひとりだからこそ、自分の体調に合わせて気軽に好きなものを選び、テイクアウトも楽しめる。「寂しい」と人恋しく思うことは、旅先で人とつながっていく糧になる。


ひとり旅は、人生の縮図だとつくづく思う。

限られた時間を頭の片隅に置きつつ、一歩を踏み出すと、世界が味方になってくれる。

基本ひとりだと覚悟すると、必要なときに必要な人に出逢うものだ。自由にのびのびと生きることで、自分の幸せを見つけやすくなる。アクシデントがあってもなんとか乗り越える術が身についていく……。

自分の道を自分のペースで歩こうとする人は、結果的に生きやすく、たくさんの〝小さな幸せ〟を手にしやすいのだ。幸せというのは、「こうなったら幸せ」という状態ではなく、一瞬、一瞬、目の前にある幸せに気づくこと、感じることではないか。

だから、いつでもどこでも、どんな状態でも、幸せになることはできる。

ひとり旅を楽しめる人は、人に寄りかかり過ぎず、人と一緒にいることも楽しめたり、たとえ苦しい状況になっても乗り越えていけたりするはずだ。

若い人も、中高年の人も、ひとりの人も、家族がいる人も、一年に1回でもひとり旅を楽しんでほしい。

日帰り旅行も立派なひとり旅。心が赴くままに楽しいこと、美味しいこと、面白いことをしながら、いつもと違うスペシャルな〝小さな幸せ〟を味わうだけで、気持ちがリセットされて、いまの場所にある幸せにも気づきやすくなる。そして、旅する前より少しばかりタフになった自分にも気づくはずだ。

さぁ、ここからは私のひとり旅の始まり。

多くの人が行きたがる観光地や流行りの店には行かない。予定もざっくりとしか決めない。年齢や立場を気にしない。豪華なもの、高価なものは求めない。ただ、自分が好きな場所に行き、好きな人に会い、好きなことだけをやる独断に満ちた旅だが、思い出すたびに顔がほころぶ〝小さな幸せ〟ばかりを集めた。

どこから読んでも大丈夫。パラパラとめくり気になったところに目を留めるのもＯＫ。肩の力を抜いて楽しんでもらえたら、この本は大成功だ。

あなたのひとり旅も、そして日常の旅も、小さな幸せに溢れたものになりますように。

有川真由美

２０２４年５月吉日

ひとり旅で見つけた小さな幸せ　目次

奄美大島 きれいな空と星を ずっと眺めていたい

point

スマホひとつで スマートに 生活ができる マレーシア

本書に掲載しているデータは2024年4月1日現在のものです

台湾

人が親切、わりと安全

音楽イベントは他民族で盛り上がる

「屏東《ピンドン》*1の海辺で開かれる音楽イベントに来ない？」

台湾南部の屏東県で暮らす友人、シャンティーに誘われて、「もちろん、行く」と即答した。

シャンティーは私より7～8歳年上で、私が最初に台湾を訪れた約20年前からの付き合いになる。私にとって「台湾の姉」というより、お世話になってばかりで「台湾の母」のような存在だ。私が台湾にいるときは、食事や服をどこからか持ってきてくれたり、車を運転してどこかに連れて行ってくれたり、面白い人を紹介してくれたりする。

私のひとり旅は、現地に住む友人に会いに行くこと、現地でほかの友人と合流することが、とても多い。厳密に言うと、まったくのひとり旅ではないのかもしれないが、基本、〝ひとり〟だからこそ、柔軟にあちこちで人と会ったり離れたりしながら、ふらふらと旅ができるのも事実だ。

屏東の音楽イベントには、いつか行きたいと思っていた。コロナ前は毎年のように開かれていて、今回は地元の民族音楽や歌謡曲あり、ダンスパフォーマンスあり、砂浜のアート作品やレーザー光線の共演もあり……と盛りだくさんのイベント。夕暮れ時から始まって、夜更けまで続くらしい。

台湾の有名歌手やダンサーも出演し、台湾で歌手として活躍する友人、伊藤佳代さんも中心的な役どころだという。佳代さんは、仏教音楽をチベット語で歌い、台湾で12枚のアルバムを発表している。

そのとき、その場所でしか味わえないイベントは、ひとり旅に向かわせる大きな動機になる。とくに台湾は15年前、大学院に留学し、約4年間暮らしていたので、会いたい人もたくさんいる。あの人この人の顔を思い浮かべると、行かずにはいられなかった。

数カ月後、台湾の旅は実現し、幻想的にライトアップされた屏東県東城郷の砂浜に身を置くこととなる。

イベントの冒頭では、かつて最初に台湾にやって来た人びとを表現して、モーターボートの大群が旗を掲げてやって来る。夕日に染まる波打ち際を、佳代さんが白装束を着た舞踊集団を引き連れて歌い歩く。まるで天女のようにうつくしい。

ぴょんぴょんとバック転をして、白砂を巻き上げながら踊りまくるダンサーもいる。「美麗島」と呼ばれるうつくしい島、台湾に民がやって来て躍動し、繁栄していくさまを表しているという。

出演者は総勢200人以上。地元の幼子から若者、高齢の人びとも歌って踊る。台湾に伝わる月琴や鼻笛、太鼓など迫力のあるパフォーマンスもある。戦前から台湾に居住する本省人、戦後に大陸各地から渡ってきた外省人、客家《はっか》人、台湾原住民のパイワン族、ルカイ族、アジア圏だけでなく、さまざまな国の人が、各々の音楽や踊りを披露し、舞台と観客の垣根がないので、見に来た人たちも一緒に踊りの輪に加わっていく。

車椅子の人、障がいのある人、ゲイやレズビアンやトランスジェンダーだと見て取れる人も、みんなで手をつなぎ、目と目が合うと笑い合う。

一緒に来たシャンティーたちと離れてぽつんとひとりでいたら、「ほら、あなたも！」とばかりに、だれかが手を引いて踊りの輪の中に招き入れてくれた。

やさしい。あたたかい。めちゃくちゃな踊りでも楽しければいい。

私は、台湾という国の懐の深さを、ふたたび実感する。

かつてここで暮らしたとき、「台湾では、どんな人でも受け入れてくれる」「ここにいるかぎり、けっして孤独になることはない」と思ったのと同じ感覚だ。

台湾に来ると、なぜか笑うことが増える。

ひとりでいてもだれかが「どこから来たの？」「なにをしているの？」「大丈夫？」となにかしら声を掛けてくれる。個性的な人が多くて、私も単純に興味を持って「それなに?」「素敵ね」「面白いね」と声を掛ける。そんなふうに人と人がつながる場面が多いから、自然に笑顔になれるのかもしれない。

＊1　屏東　台湾最南端の県。東に太平洋を臨み、西には台湾海峡、南はバシー海峡に面している。

久しぶりの台湾女子会

イベントが終わったあとは、佳代さんの誘いで、スタッフとの打ち上げに私たちもお邪魔する。地域のお寺の婦人会が作ってくれた炊き込みご飯を食べたり、ふたたび即興の踊りで盛り上がったりして、いつまでも興奮が冷めなかった。

深夜になってから、小さな民宿に佳代さん、シャンティーと3人で泊まり、さらに何時間も女子会。このメンバーで集まるのは久しぶりなので、積もる話は尽きない。

そう、私が台湾で暮らしていたころ、やたらと日本人女子会が開かれていた。あんなに忙しかったのに、よくもまあ、少しの時間を見つけてはカフェに集まったり、だれかの家に行ったりしていたものだ。

当時、私は本を書き始めて数年後で執筆や連載をしながら、週2日大学院で学び、週1日は別な大学で「日本企業文化論」について教えた。月1回は国家風景区（国指定の観光地域）の顧問として旅をしてブログなどで発表していたこともある。

シャンティーも佳代さんも、台湾人と結婚したので、台湾独特の家の風習や子育ての話をしてくれたり、生活の情報交換をしたり、ときには海外生活での苦労を語り合ったりした。

あのころは、それぞれが迷いながらも夢中で生きていた。

日本の文学座附属演劇研究所出身の佳代さんは、台湾南部で日本語塾の講師をしながら、歌手や女優としての活動をしていたが、育児もあって、なんとなく燻《くすぶ》っていた。

あれから11年。佳代さんは歌手として日本レコード大賞に匹敵する台湾の「金曲賞」に2回ノミネートされ、有名国立大学の助教授としても正式に採用された。息子たちは健やかに成長して、長男は大学で音楽と映画作りを学び、親子の作品も生まれつつある。「これからは、やりたいことをガンガンやっていこうと思う」とさらなる野望も抱いている。


人が夢を叶えていくのを見るのは、ほんとうに幸せ。とくに、悩みながらもへこたれずに進んできた人の努力が報われるのは清々しく、こちらまで元気をもらえる。

シャンティーも、経営していたカフェが政府の再開発計画で閉店になり、相変わらず家族や友人、地域の人たち、そして台湾にやって来る日本人のお世話をするのに忙しい。困っている人がいると、手を差し伸べずにはいられない彼女は、いまも多くの人から「台湾の母」として慕われている。

私も、日本に帰国したあと転々と住まいを移し、自分と家族の病気などいろいろあったけれど、こうしてまた台湾に来られたことが幸せだと思う。

「ほんと、なんとか生きてこられて良かったね」と、大っぴらに言えないような黒歴史も知る女3人でしみじみ喜び合う。悔しくて悲しくて一緒に涙した出来事も、いまでは笑い話だ。

私は旅の疲れもあって、話しているうちに寝落ちして、眠っている最中、いきなり炊き込みご飯を嘔吐するというオチがついた。

眠りながら粗相するのは、生まれて初めての経験。久しぶりの台湾だったので、ご飯に混じっていた油が合わなかったのかもしれない。ちょっと胃がもたれると感じていたのに、お腹が空いていたので食べ過ぎてしまった。

私は「ごめんねー。すごい臭いだよね。ほんと、恥ずかしい」と言いながら、大胆にぶちまけた布団を片付ける。シャンティーも佳代さんも「あらら。でも布団は大丈夫。洗えばなんとかなる！」と手際よく手伝ってくれる。

あぁ、そうだ。あのころと同じ。台湾で困ったことがあるたび、私は彼女たちにお世話になってきた。よく思われたいと気取っている場合ではなく、ダメで恥ずかしい自分をそのまま晒《さら》した。だからこそ、つながりが強くなり、時間が経ってもまた同じように会えるんだろうな。

きっとこの夜の粗相も、すぐに笑い話になるはずだ。

金運アップの廟《びょう》でお金を燃やす⁉

20年ぶりに、この廟に戻って来た。

音楽イベントの翌日に訪ねたのは、屏東県車城郷にある福安宮だ。

かつて来たときは、台湾南部を紹介する本を作るための取材だった。屏東県の職員に連れて来てもらい、「このお寺に祀られているのは、商売繁盛の神様です。お祈りすると、お金持ちになれるかもしれませんよ」と冗談っぽく言われた記憶がある。

当時の私は駆け出しのフリーライターで、お金以前に仕事がなくて、ものは試しと熱心に祈った。「与えられた仕事は精いっぱいします。だから、私に仕事をください」と。

考えてみると、それ以降、私は仕事で困ったことはなく、多くのチャンスに恵まれた。お金持ちとはいえないが、経済的に困ったこともない。当時は、ライター稼業のほかに日雇いバイトをいくつか掛け持ちするほど、生活に窮していたというのに。

いつか機会があったら、お礼を言いに訪ねたいと思っていた。

ここの神様にすべての要因があるとも思えないが、ここで祈ったときから不思議といい風が吹いて来たように感じるのだ。

台湾の神様は成功報酬制で、お祈りをするときにお賽銭をするのではなく、願いが叶ったときに、感謝の気持ちをお金で示す。そのお金は廟の運営だけでなく、貧困や災害で困った人のために使われる。だから、お礼のお金はちゃんとお支払いしたい。

福安宮は、小さな町に似つかわしくない豪華な廟だ。中に入ると、6階まで吹き抜けになった大ホールがあり、荘厳な金の装飾で覆われている。地元の人だけでなく、台湾各地から参拝客が訪れるため、線香を上げる人でごった返している。

私も、神様にお供えするための線香、お菓子、黄色い紙束のセットを購入。紙束は、神様に捧げるあの世のお金なのだとか。住所氏名を記入し、台湾の大きいほうのお札を出したら、「感謝状」を発行してくれた。

事務職員の男性に「20年前に祈ったことが叶ったので、お礼をしに来ました」と言うと、「それは良かった。遠くからありがとう」と満面の笑みで握手をしてくれて、まるで親戚のおじさんのように喜んでくれた。

黄色い紙束は、奥の金爐《きんろ》と呼ばれる炉に行って燃やす。ほかのお寺は火の中に紙束を投げ入れるが、ここの燃やし方は少し違う。

炉の小窓の前に、「あの世のお金」をどんと置くだけ。すると、上から一枚一枚、自然に炉に吸い込まれていく。空気の対流が起こるため、風で吹き飛ばされて、ひらひら舞いながら中に入っていくという仕組み。まるで紙幣カウンターがパタパタと作動しているようでうつくしい。

ここにふたたび来られたこと、神様に「ありがとう」とお礼を伝えられたことが、しみじみうれしい。

福安宮の前には、土産物屋がずらりと並んでいる。玉ねぎやニンニクも名産だが、いちばん有名なのはアヒルの卵の塩漬け、鹹蛋《シエンタン》。茹でた卵をそのまま食べてもいいし、野菜炒めやお粥に混ぜても美味しい。

さらに、ここに来たら、もう一度、味わいたいと思っていた「緑豆蒜《リュクドウスエン》」というスイーツ。皮を剥いた緑豆を砂糖で煮込んだもので、みつまめの豆の味に近い。温かいもの、冷たいものがあり、暑くてたまらなかったので、かき氷やハトムギ、白玉、こんにゃくゼリーなどをトッピングした冷たいほうを注文。甘さ控えめで、豆好きの私は、いくらでもいける。緑豆は体を冷やす効果もあるので、一気に汗が引いた。

お寺のお参りに美味しいものを組み合わせるのは、来たくなる動機として最強かも。

【後日談】約1年後、日本の家に福安宮から感謝のメッセージと2024年のカレンダーが届いた。一度、奉納しただけで海外まで律義に送ってくれるなんてと感動。台湾とのつながりを感じて、ほっこり心があたたまった。

高雄駅まわりの散策とひとり小吃

台湾第二の都市であり、南部の中心、高雄は暮らしていたこともあって土地勘はあるほうだが、行くたびにその変化に驚く。今回、市街地の中央部にある高雄駅前のホテルに泊まり、夕飯を食べようと外に出たら、あまりの変わりようで、ぐるぐるとさまよい歩いた。

ローカル線と地下鉄が交差する高雄駅は、もう10年以上前から工事をしていて、駅の反対方向に行くにはぐるっと遠回りをしなければ行かれない。見たことのない巨大なビルがあって、新しいホテルも乱立している。もはや私の知る高雄駅ではない。かろうじて、日本統治時代の駅舎が一部残っていて、そこだけ妙に懐かしい。

魚の大群のようなバイクの数におののいたり、何車線もある横断歩道の信号の点滅で焦って走ったり、「なんか違うな？」と行きつ戻りつしたり……と、心をざわつかせながら歩いていても、30分もうろうろしていると、町の全体像が感覚的につかめてくる。

そして、散策が楽しくなってくる。マンホールのアートな絵柄、店主をキャラクターにした看板、店頭に整然とならべられた商品のディスプレイなどが目に入って「なにこれ」と面白がる。

最初は用心しながら歩くが、だんだん慣れて余裕が出てくる感覚が、私はたまらなく好きだ。それは慣れないものに飛び込まないと、実感できない。

駅のまわりには小吃《シャオチー》＊2の店がたくさんあったはずとうろつくが、コロナの影響からか多くが閉店。あっても持ち帰りのお弁当屋さんになっていたりして味気ない。

せっかく台湾にいるのだから、街の雰囲気を感じながら店で味わいたいではないか。

探し回った挙げ句、最初に見た、駅にいちばん近い李家麻豆粽子碗粿という店に入った。粽《ツォン》というのは、中華ちまきのこと。「肉粽《ロウツォン》」が肉のちまきで45元、「菜粽《ツァイツォン》」が野菜のちまきで35元。私は菜粽と味噌湯10元を頼む。

「パクチーはいる?」と店の女性スタッフが聞いてきて、「いる」と答えると、パクチーとピーナツの粉を三角のちまきの上にいっぱいかけてくれた。

もっちりした餅米のなかには、ほっくりとした大きな茹でピーナツも入っている。ちまきの下に甘じょっぱい醤油だれが敷いてあって、それを絡めて食べる。味噌湯は、味噌汁そのままで、ちゃんといりこで出汁をとり、白身魚も入っていた。

そうそう、これこれ。台湾南部の味付けは甘めで、私好み。

歩道に置かれたテーブルで地元の客たちに交じって〝ひとり小吃〟をするのも、私は大好き。観光客でもなく、その土地の人間でもない。ちょっと異質なものとして、そこにいる感覚がいい。

いや、台湾は私だけでなく、全体的に異質なものの集まりだ。1日1回は風変わりな人を見かけて、「いまのなに?」と二度見する。

かつて大学で学んでいたときも、ぶっとんだ学生がいて当たり前。ファッションも授業中の発言もカオスな状態で、まわりの空気を読むという感覚がまるでなく、それがとても心地よかった。台湾人の愛嬌があって、やさしい民族性がベースにあるからかもしれないけれど。

帰りにセブン-イレブンでコーヒーを買ったら、45元（約212円・2024年4月8日現在）。お菓子も、日本の約2倍の価格で、10年のうちに大きく円安が進んだのを実感する。

それでも安価な小吃やお弁当屋さん、屋台文化はまだまだあって、台湾はひとり旅にはやさしい場所だとつくづく思う。ちゃんとしたレストランに入らなくても、その土地の味を気軽に味わえるし、人が親切だし、わりと安全だし。

ともかく台湾の街は、散策するのが楽しい。それは20年経っても変わらない。

＊2　小吃　屋台のような外で食べる軽食やデザートのこと。

日常使いの服を買いに行く

屏東の音楽イベントでは、素敵な出逢いがあった。

打ち上げのときに紹介された、もの静かな紳士は、ヂェン先生。今回のイベントではミュージシャンやダンサーの衣装デザイン、制作を手がけたという。佳代さんが着ていた白い衣装も、ドレープがうつくしく、動きやすそうだ。

「すごくかっこいい服ですよね。私も欲しくなります」と絶賛したら、「新北市にお店があるので、良かったらいらっしゃい」と名刺をくださった。

その2日後、私はお言葉に甘えて、ヂェン先生のお店を訪ねる。台湾在住の友人たちによると、ヂェン先生の作る服は、とても有名で、芸術家や舞台俳優たちに大人気。日本のファッション雑誌での紹介や口コミで、やって来る日本人も多い。ある友人は「私も何着も持っている。日本から母や妹が来るたびに連れて行っていて、みんなリピーターよ」と言っていた。

私もおしゃれなデザインに魅せられて、「せっかくのご縁だし、これは行かなければ」という気持ちになったのだ。

チェン先生のお店、恵中布衣文創工作室[*3]は、台北市の隣の、新北市ののどかな住宅街にあった。店舗というより、デザインや縫製もやっているアトリエ兼ショップ。スタッフはみな制作をしていて、販売係がいるわけではない。チェン先生もちょうど留守で、「どうぞ自由に見て、試着してください」と放っておかれる感じが、気楽でいい。

3階4階の広いスペースには、トップス、パンツ、アウターなど整然と並べられている。サイズはS、M、Lの3種類。男性も女性も、若者も高齢者も、だれが着てもおしゃれな人に見えるデザインだ。バルーン型のパンツなど、シンプルなのにかっこ良くて「こんな服、なかなかないなぁ」と思う。

驚くのは色のバリエーション。渋い色合いから、淡いピンク、ブルー、パープル、グリーン、鮮やかなオレンジ、黄色……と色とりどりに染まった服がずらり。

トップスとボトムスは、素材や染色の質感、デザインが統一されているからか、どんな組み合わせもしっくりくる。試着室はなく、ほかにお客がいなかったので、その場で取っ替え引っ替えファッションショーをするのは、至福のひととき。

着ると、肌触りが良く、締め付けがないので、心と体がリラックスする。もともとシワ感があって平面の裁断でアイロンをかけなくていいため、毎日着る普段着として最適だし、旅にも持っていけそうだ。

悩みに悩んで、赤紫の渋いワンピースと、濃いグレーのスカート、紺色のスカーフのセットを購入。ワンピースはストンとして大きいので、仏教の僧侶が身に着ける袈裟のようでもある。3シーズン、年齢を選ばないのでいつまでも活躍して着倒せるはず。

帰ろうとしていたら、ヂェン先生が帰ってきて、2階の事務所で台湾茶を淹れてくれた。パソコンの動画で、台湾の綿と麻の天然素材を使って布をデザインし、染め上げて、縫製する……という手作業の工程も見せてくれる。染料も自然のもので、色が出なくなるまで使い回し染めるため、染めるたびに微妙に色が変わって、カラーバリエーションが生まれる。同じように見えて一着一着が違うのだ。服のデザインは古代中華をベースに、台湾原住民のエッセンスも加わっているのだとか。

「僕は一般的なデザイナーの服作りとは方法が違う。デザインから材料を揃えるのではなく、あるものをじゅうぶんに使ってデザインする。それに人の思いや、自然の恵みが重なってそのときそのときで面白いものが出来上がっていく」とおっしゃる。

大量生産ではけっして真似できない、環境にも人にもやさしく丁寧なもの作りだ。ここは単に服を買うだけの店ではない。「人間が謙虚に心地よく自然に寄りそう」という価値観を与えてくれる場所でもある。

＊3　恵中布衣文創工作室　台湾の服飾デザイナー、鄭恵中（ヂェン・ホエジョン）氏が、老若男女すべての人が気持ち良く着られるデザインと質感の洋服を提案し、販売。

長距離バスはマッサージチェアで快適⁉

首都・台北から台南、高雄に南下するとき、いつもは新幹線（台南高速鉄道）を使い、1時間半ほどであっという間に着く。台湾は、九州と同じくらいの面積なので、福岡から鹿児島に新幹線で行く感覚だ。

しかし、今回、私は台南の友人、チヒロちゃんの家に行くために、4時間半もかかる長距離バスを利用することにした。値段が安いからではない。一度、〝体験〟してみたかったのだ。

台湾の長距離バスは、ものすごく豪華で快適だと聞く。急ぐ旅ではない。車窓からの景色をのんびりと眺めながら移動するのも楽しいではないか。

それに、新幹線の台南駅から市内の中心部までバスで30分もかかるので、長距離バスで一気に行ったほうが、たぶん効率的。

台北から台湾各地に行くバスターミナル「台北轉運站」は5階建てのビルで、台北駅のすぐ近くにある。私は台南行き午前9時発のバスに乗るため、エスカレーターで4階に上がる。チケットは当日、バスターミナルでも買えるが、私は前日にセブン-イレブンの発券機で座席指定の乗車券を買っておいた。タッチパネルで座席マップを見ながら好きな席を選ぶことができるので、安心だ。

乗り込んだバスは、日本の新幹線のグリーン車以上に豪華。左右に1列ずつしかないゆったりした配置で、20席ほどしかなく、この日は3人しか乗客がいなかった。

シートはマッサージチェアになっていて、ひとつひとつの席にテレビやファミコンのゲーム機がついている。充電用のUSBケーブル、Wi-Fiもあるので、自分のスマホでネットも見放題。トイレの向かい側の冷蔵庫には、水が用意されている。

背丈の高いバスなので、眺めもいい。車窓から巨大なビル群や、下町の雑多な風景などをぼんやり見ていると、「バスもなかなか快適で楽しいな〜」と思えてくる。

しかし、30分もすると、私は台湾のバスを舐めていたと後悔する。とにかく寒い。そうであった、台湾はどこに行っても冷房がガンガン利いている。20年前から。

備え付けのブランケットをかけても、自分の席の冷房をオフにしても、どんどん温度が下がる。しかも、午前というのに、すぐ後ろの青年が大きないびきをかき始めた。大きなバスに3人しか乗っていないのに、なぜきみは私の真後ろにいるの。

なるほど、そんな落とし穴があったか。寒さと騒音で頭がガンガンしてきた。バスの運転手さんに寒いと言いに行こうか、席も変わろうか、なんだか面倒だな、あと数時間だから我慢しよう、イヤホンで音楽でも聴いて気を紛らわそう、早く着かないかな、なんだか拷問みたいだ……などとぐるぐる考えているうちに、台南駅に到着。

もう二度と乗ってやらない。

台南駅からチヒロちゃんの家まで、タクシーでぐるぐる迷いながら行ったら、「なんで高速バス？　新幹線の駅から、家の目の前まで直通バスがあるのに」と言われた。

「だってバスに乗りたかったんだもの」と私はうっすら涙ぐむ。ともかく、到着して良かった。

ひとり旅では、「選択ミスだった」「こうすれば良かった」ということがつきもの。だからこそ、学習して感覚が磨かれてくるし、うまくいったときの喜びが大きい。それに、取り返しのつかない最悪な事態はそうそうなく、大抵のことは「まぁ、これはこれでいい」「いい経験になった」ということにして進める。

失敗ができることも、また幸せなのだ。それは、なにかに挑戦したってことだからさ、と私は自分を慰める。

友人宅にホームステイ

ひとり旅で幸せだと思うことのひとつは、友人宅に泊めてもらえること。好き嫌いがあるだろうが、私は人の家に泊まるのが、嫌いではない。相手が気を使わない友人であること、数日の短期間であることが条件だけれど。

今回の10日間ほどの旅でも、2人の友人にお世話になった。ひとりは屏東県潮洲鎮でカフェを経営するヒサエさん。陶芸、人形、ステンドグラス、編み物などの作家でもあり、料理も抜群にうまいので、台湾人の画家である夫と作品で埋め尽くされたカフェを開いたら、おしゃれで料理も美味しいと大繁盛するようになった。

そして、もうひとりは台南に住むチヒロちゃん。20年前に会ったときはアクセサリー作家だったが、現在は台湾の大学で日本語講師をしながら、友人のカフェで和菓子作りをしている。彼女の作るうつくしい和菓子は大人気で、大学の夏休み中は、パリで期間限定のお店を出したこともあるほど。通訳や翻訳、イラストレーターをやることもあり、とても多才。

華奢で妖艶で、歩いていると二度見されるほどの美女だが、たいへんたくましく、大阪人っぽいツッコミで、なんでも笑いに変えてしまう。

チヒロちゃんは最近、台南市のなかで引っ越しをして、古い賃貸アパートの部屋をリノベーションしたという。訪ねてみておどろいた。もともと2DKの40平方メートルほどの部屋を、壁も天井もぶち壊して広いワンルームに。壁も天井も白いペンキを塗り、床もすべて張り替えた。

その作業をすべて、アラフィフのチヒロちゃんひとりでやったというから、あっぱれ。「きつかったけど、楽しかったよ～。この部屋、結構、気に入ってるんだ」という部屋は、おしゃれなものだけが置かれていて、インテリア雑誌に出てきそう。寝室のベッド、リビングのソファー、書斎のテーブルが、アンティークの棚や観葉植物で仕切られて、それぞれのコーナーができている。

さらに面白かったのは、アパート内のコミュニティー。4階建てのビルで、1階が餃子の店、2階が男友だちが経営しているバー、3階がチヒロちゃんの部屋、向かい側が女友だちが住んでいる部屋。4階はみんなの共有スペースで、キッチンで料理をしたり、アトリエとして物作りをしたり、子猫の世話をしたりしている。

空き部屋が出るたびに友だちが「じゃあ、そこ住みたい」と入居してきて、自然にそんなスタイルになったという。まるでデンマーク発祥の共同コミュニティー「コレクティブ・ハウス」のようで、私も興味津々。2～4階を行ったり来たりして、無理なく交流ができている。

チヒロちゃんは、本当に生活を楽しむのがうまい人だ。かつて私の家の片付けを手伝ってくれたときも「部屋がきれいになるのが、たまらなく好き」と嬉々としてやっていた。

フランス人の恋人と何年もコロナ禍で会えなかったというが、「毎日、電話しているし、夏に会えるのが楽しみ」と幸せそう。毎日忙しいけれど、肩に力が入っていなくて、仕事も、学びも趣味も、おしゃれもなんだってご機嫌にやっている。

自分の好き嫌いをわかっていて、気の進まないことはきっぱり断ることも、心に余裕を持つ秘訣なのかもしれない。楽しむ力って、いろんな意味で最強かも。

その夜は、チヒロちゃんがよく行く近所の食堂で魚の唐揚げ定食を食べ、古都、台南の情緒ある古い街並みをぶらぶら散歩し、馬に乗った鄭成功《ていせいこう》の像を見て、セブン−イレブンで売られているガリガリ君を食べながら帰ってきた。かつてもそんな感じで一緒に遊んでいたように、あっさりしているのが心地いい。

そして、ソファーで簡易ベッドを作ってもらって、寝落ちするまであれこれ語り合った。なにがあんなにおかしかったんだろうと思うほど、笑い転げて。

あぁ、楽しかった。

海外のPCR検査、初体験

2022年末、3年にわたるコロナ感染はだいぶ落ち着き、世界の多くの国ではコロナ陰性証明書やコロナワクチン接種証明書がなくても、出入国ができるようになってきた。しかし私は、日本に帰国する72時間以内に、台湾の病院でPCR検査をする必要があった。コロナワクチン接種1回目の副反応で重症の帯状疱疹を引き起こしたためにそれ以降は打っていないのだ。

「マユミさん、病院への付き添いは、私たちがお手伝いしますよ」と私のアテンドを買って出てくれたのが、シャンティーの息子リンちゃんと、新妻のキョンちゃん。台湾で生まれ育ったリンちゃんと、韓国人のキョンちゃんは2人とも陶芸家で、日本の佐賀県で出逢い、最近、台湾で新生活を始めたばかり。2人の日常会話は流暢な日本語なので、私も一緒にコミュニケーションができて心強い。

子どものころから知っているリンちゃんの結婚は、まるで親戚のおばさんのようにうれしい。若い2人が「これから家を見つけて、工房兼ショップを開きたいと思っているんです」なんて夢を話してくれると、こちらまで幸せになり心から応援したいと思う。

2人に案内してもらった阮総合病院は、偶然にも私が泊まるホテルから徒歩5分の場所だった。

印象に残ったのは、とてもスムーズに進められる診療システム。事前にスマホから検査の時間を予約をして、日本の厚生労働省所定のフォーマットを送り、カルテも入力する。受付に行くと、準備されてあったクリアファイルを「内科にこれを持って行って」と渡されてすぐに診察。精算の準備が整うと、ロビーの電光掲示板で番号が示され、精算機でカード決済……と、無駄のないオートマティックな流れになっている。問診票を手書きすることも、名前を呼ばれることもない。

さすがデジタル大国、台湾。コロナが感染拡大し始めたときも、スマホによって、マスクの在庫をリアルタイムで確認するアプリ、感染者の行動履歴や位置情報がわかるアプリがすぐに開発され、感染を食い止めただけのことはある。

私は2人を伴って診察室に行き、通訳をしてもらいながら女性医師の問診を受ける。つぎにひとりで奥の部屋に入って、鼻に細い棒をつっ込むPCR検査。あぁ、痛い辛い。私の顔がよっぽどこわばっていたのか、女性看護師が、まるで子どもをあやすように「深呼吸して~。怖くないわよ~。すぐに終わりますからね~」と声を掛け続けてくれた。

スムーズな流れで、30分ほどで終了。良かった。

「私たちもマユミさんの力になれてうれしいです」と一緒に喜んでくれる若い2人に心から感謝。そう、台湾はどんなときもやさしかった。ケチな損得勘定ではなく、「人が喜んでくれることが私の幸せ」という考え方が浸透しているので、ボランティアや寄付も活発で、気持ち良く甘えられる。このまま、やさしい台湾であってほしい。

翌日は、ひとりで証明書を取りに行く。大丈夫だとは思っていたけれど、結果を見るまでドキドキした。受付で手渡された封筒をその場で開き、「陰性」の文字を見つけたときは、そこにいた病院スタッフたちも「おめでとう！」と拍手してくれた。

しかし、まだ安心できない。ある友人は、陰性証明書の記入漏れで、空港から病院に引き返すという事態になったという。スマホアプリで外務省に陰性証明書の写真を送り、深夜になって受理されたというメッセージが来たとき、「これで帰れるー」とやっと肩の力が抜けた。

3年のコロナ禍で旅行できない日々が続いたこともあり、私は改めて旅に出ること、帰れることが当たり前ではないのだとしみじみ思う。

コロナ禍になるまでは「いつか行こう」と旅を先延ばしすることもあった。

しかし、先のことはわからない。病気や家庭の事情で行けなくなることも多々ある。「行けるときに、たくさん旅をしよう」と心に誓う。「いまやりたいことを、いまやる」のは、幸せになる基本なのだ。

高雄駅の近くで食べた中華ちまき。
旅をしながら街に
馴染んでいく感覚が心地いい。

point 1

旅のスケジュールはざっくりフレキシブルに

ひとり旅をするとき、私の目的は大抵ひとつ。たとえば「日本の最北端に立つ」とか「宮古島の3つの橋を渡る」とか。「友人の○○さんに会いに行く」「友人数人と現地で集合」など、人に会うための旅も多い。

だから、そこまでの交通手段のチケットとホテルだけ、場合によってはレンタカーを予約して、あとの予定は行ってから決める。

「せっかく行くのだから、できるだけ多く回りたい」と欲を出してスケジュールを詰め込んでしまうと、それを遂行するための時間に追われることになる。まるで〝ひとりツアー旅行〟のように、せかせかと時間に追われて回ったり、ぐったり疲れたりしては、なんのための旅なのかわからなくなる。

スケジュールは1日1～3個ほどざっくりと決め、旅先で「蚤の市をやっているからのぞいてみよう」「ホテルのスタッフが勧めてくれた食堂に行ってみよう」「面白そうなショップがあるから入ってみよう」などと、そのときの〝ノリ〟と〝感覚〟を大事にしたほうが、旅は楽しい方向に転がっていく。

旅は現地に行ってからわかることが、

とても多い。いくらでもフレキシブルに予定変更できるのがひとり旅のメリット。雨が降っているときや、ゆっくりしたいときは一日中、ホテルやカフェで過ごしたっていいのだ。

ひとり旅でしなければならないことは、なにひとつないのだから。

友人に会いに滋賀県に行った夜、京都のホテルで「明日、夕方の帰りの便までなにをしよう」と考えたことがあった。せっかくだから初めての体験をしよう！　と浮かんだアイデアは3つ。①京都仏像巡り　②お寺で座禅体験　③なんばグランド花月で大阪のお笑い文化に触れる

結局、選んだのは、③で漫才や新喜劇を観ること。で、その日は「こんなに楽しい娯楽があったなんて！」と、大いに笑い、感動し、大満足でリピート確定。その後、1年のうちに3回も訪ねることとなった。

「なににワクワクする？」「いま、どうしたい？」と、そのときどきの心情に正直に動けるのは、ひとり旅だからできるぜいたく。

思いっきり気ままで、ふらふらとするために、旅のスケジュールはざっくり、柔軟であるほうがいいのだ。

日常の旅も、人生の旅も、最初から予定を決め込み、やることを詰め込み過ぎてはつまらない。素敵なチャンスも出逢いも逃してしまう。ざっくりした目的だけ決めて、あとは気の向くままが、きっと面白い旅になる。

point 2

とにかく「初めてのこと」をたくさんしよう

私はひとり旅のなかでできるだけ「初めてのこと」をすると決めている。なぜなら単純に楽しくて、刺激的で、記憶に残るから。

たとえば、友人に会いに滋賀県に行く旅は、初琵琶湖、初なんばグランド花月、初立ち食い寿司。初めてのホテルに泊まる。初めての人に会う。初めての駅で降りる。初めての名産品を食べる……と、初めてづくし。

すると、人に会うことが目的の旅に、さらに遊びの要素が加わってウキウキ、ワクワクするものになる。

毎日、同じパターンで生活をしていると、感性も鈍ってくる。だから日常のなかでも、「初めてのこと」を意識してみる。初めて着る色。初めて作る料理。初めて見る景色。初めて行くカフェ。初めて飾る花。初めて聴く曲。初めて読む作家の本など。気が向かないことはしないけれど、好奇心が刺激されることはどんどん試してみたい。

期待以上で感動するかもしれないし、たとえ期待はずれでも「こういう感じなのね」「話のネタができた」と自分の世界が広がることは間違いなし。初めてを重ねるほど、「自分はこういう世界が好き」「これは苦手かも」と自分というものも見えて、生きやすくなる。
どれだけネットの情報を集めて「知識」がついても、体を使って感じたことしか「知恵」として残らないのだ。

北欧の旅でたいへんな目に遭ったロストバゲージ騒動（130ページ参照）も「新しい体験が増えた」といえる。初めての失敗や災難こそ、けっして狙ってはできない貴重な機会。かならずマイナスのこととセットで人のあたたかさに触れたり、成長できたりして、手に入れているプラスのものがあるのだ。

20年ほど前、台湾の本を書くために日本人作家9人で旅したことがあった。台湾のガイドさんに「パラグライダーをやってみませんか？」と提案されて、男性陣はビビッているなか、70代の女性作家が「私、やりたいわ！」と目を輝かせた。
「いまやらなければ、きっと私の人生でやる機会はないと思いますの。一度くらい、鳥の気分になって空からの景色を眺めてみたいわ」という言葉に私も触発されて、一緒に初体験をしたのだった。あのときの体験は、いまも体の感覚として残っているし、話のネタにもなっている。

人が生き生きしているかどうかは、未知なるものへの「好奇心があるか」が大きい。年を重ねるほど、知った気になって興味を失いがち。「まだまだ知らないことはたくさんある」と意識して初体験をしたいものだ。

二度と出会えないから、自分から声を掛ける

ひとり旅をするようになって、自分から声を掛けることができるようになった。旅先で声を掛けたことから人生が大転換するような出来事が起こったのは、「はじめに」にも書いたが、出逢いはひとつのチャンス。「ここで声を掛けなければ、二度とこの人に会うことはないだろう」と思うのだ。

だから、ちょっと気になる人には、声を掛けてみる。

たとえば、ホテルのスタッフに「この近くに美味しいお店、ありますか?」、食堂で隣の席の人に「その料理、なんですか?」、釣りをしている人に「なにが釣れますか?」など、質問から入ると、大抵はやさしく応えてくれる。相手が簡単に答えられる質問をするのがポイントだ。

稀に冷たい人もいるが、世の中は圧倒的にやさしい人が多い。二言三言話しただけで、心がほっこりしたり、気づきがあったり、その土地が好きになったり。旅に広がりと深さが増して、さらに面白くなる。

ひとり旅は人とほとんど会話しなくても完結する。私も「だれとも話したくない」という気分のときは、ひとりの世界

にこもりつつ、旅をする。

でも、顔を上げて見渡してみると、視界が開けてきて、自然に人と話す機会が出てくるものだ。ひとりだからこそ、声を掛けられたり、助けてもらったりする機会も多い。


「自分から声を掛ける」のは〝慣れ〟で、最初は私も苦手だった。

「拒絶されたら嫌だ」とネガティブな予想をして躊躇《とまど》ってしまうからだ。

「知らない人に対して冷たい人がいるのは当たり前。でも、なかにはやさしい人もいる」「やさしい人に当たったらラッキー」と考えるようにしてから、ダメ元で声を掛けられるようになってきた。ダメならダメでつぎに行けばいいのだ。

慣れてくると、言葉を交わす機会が増えて、小さな喜びや感動を味わうことも増えてくる。

旅で自分から声を掛けられるようになると、日常生活でも顔見知りに自分から挨拶したり、見知らぬ人に道を聞いたりすることに抵抗がなくなる。

会社の人、近所の人に自分から「おはようございます」と声を掛けるのは気持ちがいい。よく行くお店の人におすすめを聞いたり、専門的なことを教えてもらったりするのも楽しいものだ。

そんな機会を重ねると「世の中は圧倒的にやさしい人が多い。冷たい人はたまたま心が冷えているだけ」と実感する。二度と訪れないこの瞬間を大切にしようとする「一期一会」の考え方は、きっと幸せになりやすい心の習慣だ。

point 4

ひとりだからこそ、コンサートで弾ける

いつからか、好きなアーティストのコンサートも、演劇も、お笑いライブもひとりで行くようになった。

友人から「よくひとりで行けるよね。寂しくない？」と素朴な疑問として聞かれたことがあるが、不思議議と最初から抵抗がなかった。趣味や日程が合う人がいなかったから、ひとりで行くようになっただけだ。

しかし、慣れてくると、むしろひとりのほうがいいとさえ思うのだ。

行きたいと思ったら、自分だけで決められる。人と待ち合わせて、食事はどうする？ グッズ販売に並ぶ？ などと細かいスケジュールを考えなくてもいい。

そして、これがいちばん大きいのだが、同行者の目を気にせず、その世界にどっぷりはまり、感動に浸ったり、盛り上がったりすることができる。

一緒に行く人がいると、性格や熱量の違いで、盛り上がり方にも差が生まれる。ライブでこちらが最初からわーっと立ち上がっても、隣で座ったままだと、なんとなく気になってしまう。きっと相手だってそうだろう。

大阪城ホールでのあるバンドのコンサートに行ったときのこと。見渡してみる

と、おひとり様率がかなり高い。私の両隣も、ひとりで北海道から来た20代、四国から来た40代の女性。ふと言葉を交わしたことから、開演前から3人で意気投合。20代の女性は、今回のツアー6カ所に全部参加。40代の女性は20年以上前から通っているとか。

同じバンドが好きなのだから、会話は自然に弾む。といっても基本ひとりなので、盛り上がり方も人それぞれ。心地いい距離感で、その日のコンサートは思い切り楽しんだ。

数年前のクラシックコンサートでは、隣り合った女性と仲良くなり、いまでは家に泊まりに行くほどの親友になっている。「袖振り合うも他生の縁」で、ひとり旅では、前世からの深い縁があったのではないかと思うほどの出逢いがしばしば起こるのだ。

コンサートや演劇、講演会、トークショーなど、ひとりで楽しめるエンターテインメントはいくらでもある。娯楽施設であれば家族連れの多いテーマパークではなく、美術館、企画展、歴史資料館などその世界にひとりで浸れるものがいい。

離島に住む男性の友人は、月に1度、映画を観るために地方都市を訪ねる。あくまでも主な目的は新作の映画で、ついでに美味しいものを食べたり、買い物をしたり、人に会ったりするのだ。

行きたいと思ったら、ひとりで気軽に行こう。ひとりだからこそ、純粋に好きなものを好きだと思い行動できるのだ。

北海道

思いきりひとりドライブ

日本でいちばん北に立つ

「今年はたくさん旅をしよう」と決めて過ごしていると、旅に関するお得な情報が飛び込んでくるものだ。そのひとつが、ネット広告で目にしたANAのSUPER VALUEセール。ゴールデンウイークを除いて4月4日から5月31日までが、国内線どこでも平日片道7000円（土日1万円）になるなんてうれし過ぎるではないか。

1区間がどこでも7000円ならば、前から行きたいと思っていた場所のなかから、できるだけ遠いところに行ってやろう。そうだ。北は北海道のなかでも最北の地、稚内。南は沖縄でまだ行ったことのない島、宮古島にしようと決めて、即行でネット予約をした。今回のキャンペーンは2月28日と3月1日の2日間に予約することが条件なのだ。

鹿児島からだと、釧路も宮古島も羽田空港や那覇空港で乗り継がなければ行けないが、4回飛行機に乗って3万円以内で往復できるのだから、格別なお得感がある。

北海道は20代のころ、家族旅行と社員旅行で行ったきり、長い間遠ざかっていた。ここ20年ほどは海外ばかりを旅していたので、改めて日本にも目を向けてみたい。

ANAが就航している新千歳、函館、旭川、釧路などのなかでも、稚内を選んだのは、

「日本の最北端（宗谷岬）に立ってみたい」という単純な理由からだ。
そして、キャンペーンが始まってすぐの4月5日、羽田発8時5分の便で、稚内2泊3日の旅に出発した。

飛行機から見る北の大地はどんよりと曇っていたけれど、やはりうつくしかった。枯れ草のなだらかな丘陵が続き、あちこちに雪が残っている。冬の間はこのすべてが雪と氷に閉ざされているんだろうな。

定期航空便が就航する日本最北の稚内空港は、思ったよりもずっとこぢんまりしている。ANAのカウンターしかなくて、羽田からの便が1日1便、千歳からの便が1日数便しかない。迎えに来てくれたレンタカーのスタッフが「冬場は、強風や大雪で欠航することが多いですよ。無事に着いたらラッキーと思うくらい」と教えてくれた。南国育ちの私には、雪と氷で覆われた暮らしはリアルに想像できない。

ダウンジャケットの下に何枚も着込んできたけれど、思ったより寒くなくてほっとする。

レンタカーで走り出して約3分後、私は「あっ」とブレーキをかける。

立派なツノを持った大きなエゾシカが2頭、道路の端にいて、じっとこちらを見ている。飛び出したら轢いてしまいそうなくらいの至近距離だ。

私の住む鹿児島の山奥でも、時折シカに遭遇することはあるが、こんなに真っ昼間から一般道を歩いていない。その凛々しい姿に感動すると同時に、まるで「言っときますけど、ここはうちらのシマですから、気をつけてくださいね」と忠告されたよう。宗谷岬に向かう海岸線のあちこちでは「シカ飛び出し注意」の看板があり、何度もエゾシカを目撃した。

宗谷岬までは空港から30分弱。ずらりと並んだ巨大な風力発電機や北海道特有の異国情緒に溢れた豪邸群に圧倒されながら運転していくと、「これが日本の最北端？」と拍子抜けするほどあっさりと、駐車場と宗谷岬のモニュメントが出てくる。

殺風景な広場に、海をバックにこれもこぢんまりとした北極星の一稜をモチーフにした5メートルほどの高さの三角の石碑。それでも「日本最北端の地」と書かれたプレートを確認すると、さすがに北の果て感がある。

観光バスで来た人がまばらにいて、高齢の両親を連れた男性に頼まれて、記念写真を撮ってあげる。ひとり旅だからか、私は写真を頼まれることが多い。大抵はそのあと、お決まりのように「撮りましょうか？」と聞かれるので、お願いする。そんなことでもないと、ひとり旅で自分の写真はほとんどない。自撮りしようとも思わないし。

今回は最北の地にいる記念にと、三角の碑を指差しているポーズで収まった。南北が長い日本の約1億2000万人のいちばん北に立っているのだと考えると、その一瞬がとても貴重なものに思えてくる。

サハリンがうっすらと見えていて、案外近いことに驚く。「最北端に来た」という満足感がじわじわと高まる。いつかやろうと先送りにしていた課題をしっかりクリアした気分。この一瞬のことは一生忘れないだろう。

国境の町で宮沢賢治の足跡を辿る

宗谷岬の最北端の地のモニュメントの横には、江戸時代の探検家、間宮林蔵の立像がある。

プレートに「江戸幕府から命を受け北方探索に赴いた間宮林蔵は、1809年に間宮海峡を発見して樺太（サハリン）が島であることを確認しました。この発見は、当時の世界地図の空白を埋める偉業であり、林蔵は世界地図にその名を残しました」とある。腰に二本刀を差し、左手に測量用の道具を持ち、樺太へ渡る決意を秘めて、はるか海の彼方を見つめている姿だ。

当時、樺太はどんな形をしているのか、誰も全貌がわからなかった。

歴史の教科書でちらりと知っているだけの歴史上の人物だったが、この地に来て改めてその偉業の重さを実感する。

宗谷岬の道路を挟んだ丘の上は宗谷岬公園があり、広場のあちこちにモニュメントがある。最初に目に飛び込んでくるのは、旧海軍望楼。石材を積み上げてできた2階建ての小さな監視所で、小窓からは宗谷海峡を一望できるようになっている。

明治時代、ロシア帝国からこの国を守るために、極寒のなかで見張りをしていたのだと思うと、胸が詰まる。

横長の茶色い花崗岩を使った平和記念碑は、かの世界大戦で見張りの任務に当たり、シベリアに抑留された部隊員たちへの鎮魂の碑。

「ある者は妻子と別れ　ある者は青春を空しくし　寝食を忘れて任務に就き北辺の護りに励んだ（中略）戦後四十年余の歳月は我らに望外の平和と繁栄をもたらしたが　それは無辜の同胞らの償いのない犠牲の上に築かれたものであることを肝銘し不戦平和の祈りと　願いを込めて　この碑を建立する」とある。

いつの世も犠牲になるのは、なんの罪もない人びとだ。

折り鶴のような形をした大きなモニュメント「祈りの塔」は1983年、サハリン上空を侵犯して、撃墜された大韓航空の旅客機の乗客乗員269名の冥福と世界平和を祈るもの。すっかり記憶から遠のいていたが、国と国との緊張に巻き込まれた人たちがいたことは、紛れもない事実。そう考えると、国境の町に「平和」を考える公園があることが深い意味を持っているとわかる。

「世界平和の鐘」は、ニューヨークの国連本部の庭にある恒久平和のシンボル「平和の鐘」を世界に広めようという運動によって、1988年に造られた第1号。鐘は世界81カ国から提供されたコインやメダルでできている。

「なぜここに？」と意外に思ったのは、「平和記念碑」の表面に書かれた「宮沢賢治文学碑」。宮沢賢治は大好きな詩人、岩手県花巻出身の童話作家で『銀河鉄道の夜』は、何度も読んだ小説のひとつだ。

文学碑の説明書きには「1923（大正12）年8月、宮沢賢治は、この年5月に就航したばかりの稚泊《ちはく》連絡船で宗谷海を渡り、樺太（現・サハリン島）を旅しました。前年に最愛の妹・トシを亡くした傷心の賢治は、この旅をモチーフに多くの詩を残しています」とあり、納得。石碑には詩『宗谷（二）』の一節が刻まれている。

はだれに暗く緑する
宗谷岬のたゝずみと
北はま蒼にうち睡る
サガレン島の東尾や

船上から暗い緑の宗谷岬と、反対の北側にある蒼く横たわるサハリンの東の端を見て、なにを思っていたのか。この碑は宗谷要塞重砲兵連隊宗谷会の人たちが建立したもので、なにか共感するものがあったのだろう。

夕方に訪ねた稚内市樺太記念館では、ガイドの方に宮沢賢治の足跡を詳しく聞く。当時、花巻の農業高校の教諭だった賢治は、表向きには樺太の大泊（現・コルサコフ）にある製紙工場に教え子の就職のあっせんをするための旅をした。しかし、大泊での滞在はわずかで、鉄道に乗って当時の日本の最北端の駅、栄浜（現・スタロドゥプスコエ）に向かう。

この旅が『銀河鉄道の夜』のベースになっているという。

旅の道中で詠んだ詩には、旅の前年に亡くなった最愛の妹に「自分が進もうとする道が間違っているならば、教えてほしい」と乞うものがある。『銀河鉄道の夜』も、少年2人が銀河鉄道を旅しながら「ほんとうの幸いとはなにか」と問い続ける物語だ。

私は「幸せ」について考え尽くした宮沢賢治の物語を再度、読んでみたくなる。

マンツーマンのガイド&ヤムワッカナイ温泉

いちばんの目的である宗谷岬に行ったあとは、いま来た湾岸線を40分ほど走らせて、稚内市のサフィールホテル稚内にチェックイン。こぎれいでシンプルなホテルだが、部屋からは北海の海と昭和初期に造られた半アーチ式の防波堤ドームが見える。樺太へと渡る人びとで賑わったころのシンボルで、古代ローマ調の円柱と回廊が当時の栄華を誇っているようだ。

少しだけ休憩して、私は車で5分のところにある稚内市樺太記念館に向かう。宗谷岬で「樺太」に興味を持った私は、まずその地のことを知りたくなったのだ。

ひとり旅のいいところは、こんなふうに気ままに行き先を決められること。そして、記念館などに行くと、ガイドさんの説明がマンツーマンで受けられること。質問も し放題である。この日も、閉館30分前に行ったにもかかわらず、高齢の男性ガイドが、待ってました！　とばかりに樺太のことを教えてくれる。

樺太島の面積は、思っていたよりずっと広大だ。島全体では北海道とほぼ同じ。第二次世界大戦が終わる1945年までの40年間は、その約半分の南樺太が、日本の領土となっていた。

石炭や木材の豊富な原料を求めて、多くの日本人が移り住み、樺太アイヌなどの少数民族、ロシア人を合わせて約40万もの人びとが暮らしていたという。

「横綱の大鵬をご存じですか？　大鵬は南樺太出身なんですよ」とガイドさんが誇らしげに言う。

「もちろん、知っていますよ。『巨人、大鵬、卵焼き』の大鵬ですよね」

昭和30年代から40年代に活躍した力士なので、現役時代は記憶にないが、強くて美男子で大人気だったため、当時の子どもたちが好きな物を3つ並べて言った流行語は語り継がれている。

「大鵬のお父さんはウクライナの貴族出身でね。ロシア革命後に財産を持って亡命していたんです。終戦直前にソ連軍が南樺太に侵攻してきて、大鵬少年は日本人の母親と最後の引き揚げ船に乗り込んだ。最初は小樽に向かう予定だったが、母親がひどい船酔いで、稚内で途中下船。その船は途中で攻撃されて沈没したため、親子は奇跡的に命が助かった。大鵬はそのことに感謝して、稚内で相撲の巡業を行ったこともあったそうです」

そんな小説よりも奇なるドラマがあったとは。いま戦争をしているウクライナが、当時も革命に翻弄されて、樺太に亡命していた人がいたというのも興味深い。

ガイドさんは、樺太で起こったひとつの悲劇についても語ってくれた。

電話交換手としての任務を全うするために終戦後も樺太に残り、迫り来る恐怖のなかで集団自決した9人の若い女性がいた。最後の言葉は「みなさん、これが最後です。さようなら、さようなら……」だったという。

旅をすると、教科書で学んだだけではわからない、そこに生きた人びとの姿に触れることがある。悲劇であることも多いが、それも含めてちゃんと見ようとすることで、さらに理解が深まるのだと思う。

記念館の隣には、ヤムワッカナイ温泉 港のゆがある。北海道は温泉の宝庫だが、ここ稚内でも天然温泉に入れるとは。

大浴場は広くて、高温風呂、中温風呂、ジェットバス、サウナ、水風呂、露天風呂などひととおり揃っている。中温風呂から入ると、トロッとしたお湯が肌にまとわりつくよう。あぁ、幸せ。さらにサウナで汗をかいたあと、冷んやりした潮風に当たろうと露天風呂に向かう。港が目の前で、漁船のエンジン音が聞こえてきて、なんともいえない港町の風情がある。

旅の幸せのなかでも、温泉での「あぁ、幸せ」は格別。そして、温泉から上がって、冷えたフルーツ牛乳を飲んだときの「あぁ、幸せ」も格別だ。

平和な時代に生きていることに感謝。それを築いてくれた人びとに感謝して、幸せを噛みしめよう。

大湿原を大音量の音楽をかけてひた走る

私は車の運転が得意ではない。ここ何十年かは無事故無違反であるものの、パーキングに車を入れるときは何度も切り返すし、東名高速道路を走ったときはまわりのスピードにビビッて泣きそうになった。

しかし、人も車も少ない自然のなかを気ままに走るのは大好き。だから、今回、レンタカーで北海道をドライブするのも楽しみにしていた。

どこまでも続くまっすぐな道。牧場、草原、湿原など広大な自然のなかを、大音量でお気に入りの音楽をかけて走ろう。騒音になることもないし、シカが飛び出して来ないかぎり、事故に遭う確率も少なそうだし。

私はジャズ、レゲエ、ロック、クラシック、チル、70年代、80年代のシティポップなどを気分に合わせて聴くのも大好き。音楽をかけながらぼんやり車を走らせていると、脳のギアがニュートラルモードに入り、ふと執筆のアイデアが降ってくる。私はそれが忘却の彼方に逃げて行かないようにと、車を停めてすぐさまメモる。頭のなかがもやもやしているときも、ぼんやりしているうちに整理されてすっきりする。

〝ひとりドライブ〟は、私にとって最高にぜいたくなひとときなのだ。

稚内の旅の2日目は、張り切って早起きする。まずは、ホテルの前にある稚内港北防波堤ドームのなかを散歩。荒波や風雪を耐え抜いてきた巨大な防波堤とたくましい先人たちに思いを馳せながら。

ホテルに戻って朝食をとったあと、8時半に出発。今日は[*1]ノシャップ岬から日本海沿いの道道254号線、通称、[*2]宗谷サンセットロードを南下する予定。あとは気の赴くまま、行けるところまで行って帰ろう。

ノシャップ岬はイルカのオブジェの時計台、紅白のツートンの細長い灯台が目を引く。晴れていれば、海の向こうに秀峰・利尻《りしり》[*3]富士（利尻山）や、サハリンの島影が見えるはずだが、あいにくの小雨模様で、暗く静かな海が横たわっているだけだ。

南のほうに車を走らせると、草原のなかに家がポツンポツンとある。道端にバスの停留所「富士見1」があったので、やはり、このあたりからは普段はうつくしい利尻山が見られるようだ。

海沿いに建築現場の足場のように鉄の棒が組まれていたので、なんだろうと車を停めると、大量の昆布が干されていた。その前にキタキツネが何匹かいて、じっとこちらをうかがっている。かわいい。まさに絵葉書になりそうな風景。

道路には電灯のように下向きの矢印「矢羽根」の標識が連なっている。積雪や暗闇でも路肩を教える役割を果たしてくれるのだ。道路はひたすらまっすぐ。私は2週間後にコンサートに行く予定のロックバンドの曲を大音量で聴きながら、壮大な原野のなかを走る。

途中、アザラシが越冬するという抜海《ばっかい》漁港に寄るが、1頭も見えない。若い男性がカメラを持って歩いていたので、「アザラシがいる港ってここですか？」と聞くと、「そうです。前に来たときは、あのあたりに何十頭もいたんですけど。暖冬だから早めにサハリンに帰ったのかもしれない」と教えてくれた。「どちらから？」「東京です」「旅を楽しんでね」というように、ひとり旅同士だと言葉を交わしやすい。

海沿いの道は、両側に沼が出てきて湿原っぽくなっていく。このあたりのサロベツ湿原[*4]は、6000年以上の歳月をかけて、湖に生えた植物が積み重なってできたという。

途中、サロベツ湿原センターという立派な施設に寄り、湿原の成り立ちや生息する動植物、開拓の歴史などについて知る。興味深かったのは、戦後、「緊急開拓事業」として、ぬかるむ湿地の上に暮らしを築いていくため、放水路を開削して水を抜き、牧草地にしていったこと。その苦労はいかばかりか想像が追いつかない。

そのまま中央部の豊富町まで行き、駅近くのカフェ、ミルクカフェ&雑貨 フェルムで、バゲットにソフトクリームを添えたスイーツをランチ代わりに。さすが牛乳工場がある町。ソフトクリームはミルク感が強くて、ぎゅぎゅっと詰まった濃厚な食感。

東に向かって走り、太平洋側に出ようとしたが、雪が降ってきて途中で断念。引き返してホテル豊富の温泉に入る。灯油っぽい匂いがする滑《ぬめ》りのある泉質で肌がしっとり。あぁ、極楽。ドライブ途中の温泉って、なんて気持ちいいんだろう。

帰りは内陸部の国道40号線を北上して、無事、稚内に帰還。140キロの最高にご機嫌なドライブだった。

＊1　ノシャップ岬　稚内の最西端、宗谷海峡に突き出す岬で、利尻山と礼文の島影を望むことができる。「ノシャップ」とはアイヌ語で「岬が顎のように突き出たところ」「波の砕ける場所」の2つの意味があると伝えられている。

＊2　宗谷サンセットロード　稚内市から稚咲内海岸までの日本海側を走るルート。天気の良い日には利尻富士と礼文島に沈む夕日が一望できる。

＊3　利尻富士　北海道北部、利尻島にある標高1721メートルの山。日本百名山の中で最北に位置しており、数多くの登山者が訪れる。

＊4　サロベツ湿原　北海道北部の日本海側、稚内市・豊富町・幌延町にまたがる湿原。ミズゴケを中心とした「高層湿原」が平地で見られる。

横綱・大鵬が泊まったニシン御殿

長いドライブから稚内に戻り、気になっていた場所に寄ってみる。戦後まもなく、ニシンの沖合底曳漁業の親方の家として建てられた旧瀬戸邸[*5]（旧瀬戸家住宅主屋）である。今日も閉館30分前で、さらっと見ればいいと思っていたが、ガイドの男性が一部屋一部屋、案内しながら、懇切丁寧に説明してくださる。

外観は赤い屋根に、レンガの煙突がある洋風の造りで、中に入ると、基本、和風。モダンな電灯や応接セットなど大正ロマンの薫りもする。

何十人と入れる2階の大広間には、漆塗りの食器がのった脚付き膳がずらりと並べられ、当時の宴席風景が再現されている。2〜3人の女性が住み込みで働いていて、台所の小窓から出された料理を大広間に慌ただしく運んでいる様子がイメージできる。

増築された広い茶室は、1964年、大相撲の巡業で当時の横綱・大鵬が滞在するために造られたものだ。当時は、力士たちがその土地の有力者の家を訪ねる慣わしがあったとか。大人気だった大鵬がやって来たことで、それはそれは盛り上がったことだろう。

ケヤキの一枚板を使った階段や、複数の木材を張った天井、遊び心のある細工を施した柱や欄間など、大工さんの腕も一流。屋久杉、秋田杉など全国から取り寄せて作った長方形のサンプル板も置かれている。重さやしなやかさなどから使う木材を決めていたというから、その財力は計り知れない。

このお屋敷のご主人、瀬戸常蔵《せとつねぞう》さんは利尻島出身。稚内に移って8隻もの底曳網漁船を持ち、「八丸艦隊」と呼ばれたほど栄華を誇った。水産加工品、石油販売など多角的に事業を展開して財を成していったという。

1968年に撮られた写真では、岸壁に底曳船がぎっしりと二重三重に停まっていて、輸送用のトラックも大混雑している様子がわかる。一度の航海で現在に換算すると数億円稼ぐこともあり、大漁の日には子どもたちも魚を運ぶのを手伝うため〝ニシン休み〟なる休日が存在したというから驚く。

ニシンは1957年あたりからぱったりと獲れなくなり、ニシン漁は衰退の一途をたどった。

大広間の角には映画「北の桜守」のポスターと、吉永小百合さんのサインがあった。1945年8月、樺太で暮らす母子が、ソ連軍が侵攻してきたために、命からがら北海道に逃げてきて、激動の時代を生き抜く物語だ。この部屋では、吉永小百合さんが床に臥せっているシーンが撮影されたという。

帰ったら映画を観てみよう。きっと、旅で見聞きしたことと重なって、樺太の歴史や北海道の暮らしのことなど、理解が深まるはずだ。

それにしても、先人への敬意と、故郷への愛情を感じるガイドさんの説明がすばらしく、見応えじゅうぶん。自分でさらりと見ただけでは、この家の隅々に残る歴史の重さはわからなかった。ほんの30分だけのガイドでも、これからの人生でこの邸宅のことをなにかのきっかけで思い出し、歴史の点と点が線でつながることもあるはずだ。

帰り際に、ガイドの方から「どちらからお越しですか？」と尋ねられ、「鹿児島です」と伝えると、「では、山形屋がありますよね」とローカルな百貨店の名前が出てきてびっくり。

「鹿児島にいらしたことがあるんですか？」

「いえいえ、ないです。私は昔、海産物関係の仕事をしていて、山形屋のバイヤーの方がよく買い付けに来ていたんですよ。Hさんって言ったかなぁ」

「私、山形屋の北海道物産展にはよく行くんですよ。ここからやって来ていると思うと、なんだか感動しますね」

なんて会話で盛り上がる。

ホテルに帰ってから、そのことをどうしてもだれかに知らせたくなり、えいやっとばかりに山形屋の社長にメッセージを送った。といっても、親しいわけではない。数年前に一度だけ、共通の知人とともに3人で食事をしただけのつながりだが、山形屋のバイヤーさんがこの町であたたかく歓迎されていたと思うと、うれしいではないか。

「Hは退職しましたが、在職中は北海道をレンタカーで走り回って、商品を集めてくれました。今月も北海道物産展があるので、そのことを社員たちに伝えます」という返事があった。良かった。私も北海道物産展に行こう。

思わぬところから、人と人とのつながりに発展していくのも、ひとり旅の醍醐味だ。

＊5　旧瀬戸常蔵邸　稚内が底曳漁業の前線基地として活気溢れていた昭和20年代、沖合底曳漁業の親方の瀬戸常蔵氏の邸宅として建てられた。

日本で最古のコンビニで北海道を食す

北海道北部をドライブしていて「アレがない」と思うのは、セブン、ファミマ、ローソンなどの大手コンビニ。今回の旅では、一度も目にしていない。

その代わり、セイコーマートというコンビニをしばしば見かける。オレンジ色の看板で、一見、ローカルなコンビニのようだが、なかに入って驚いた。

まずは、商品の豊富さに歓喜。ここにしかない北海道のお菓子やジュース、アイスクリームなど品数がたくさんあり、まるで成城石井をカジュアルにしたよう。とくに、牛乳やヨーグルト、ポテトチップスなど、地元の材料で作られた商品は、どれだけ種類があるんだろう。

「ホットシェフ」というコーナーでは、スタッフが店内で調理しているため、文字どおり、出来立てほかほかのお弁当が並んでいる。しかも、家庭的なおひとりさま用お惣菜が100円台で買えるという安さ。なんと魅力的なコンビニよ。家の近くにもあったらいいのに。

北海道出身の知人に聞いたら、セイコーマートは通称「セコマ」といって、日本でいちばん古いコンビニチェーン。北海道で1000店舗以上あって、本当かどうかは定かではないが、大手コンビニが進出しようとしても、地元密着型のセコマが強いのだとか。北海道を知り尽くしているので、地元の豊かで良質な自然の恵みを調達して、魅力的な商品を開発、製造、配送、販売……と、すべての流れを効率的に、低コストで行えているのだ。限界集落の生活を支えるために出店したり、レジ袋の無料配布を継続したりと、社会問題に対する心意気も感じられる。

日本各地を旅しても、全国チェーンのコンビニや飲食店ばかりだと、風景も食事も似た感じになってしまうが、「この地域しかない」という独自性は、旅人にとって魅力。ここで暮らす人たちが潤うためにも応援したいものだ。

私はドライブのおやつや夜食用に、「ここでしか食べられない」というセコマ・オリジナルの北海道牛乳のカスタードシュー、北海道メロンソフト、北海道ポテトのコロッケ、北海道ミルクの紅茶など、あれこれ購入。どれも「こんなに美味しいものが、こんな低価格で食べられるなんて幸せ過ぎる」と感動しつつ、しっかり味わった。体重管理モードはとりあえず脇に置いて。

夕食で美味しかったのは、稚内港のそばにある海鮮炉端 うろこ亭の海鮮丼。イクラ、甘エビ、カニ、マグロ、イカなど8種の魚介に、旬のムラサキウニをのせて。

女性の店員に「せっかくですから、旬のウニを食べませんか？」と勧められて頼んだら、甘くて濃厚でとろける食感。貴重な海の恵みをしっかりと噛みしめた。

2日目の夕食は、回転寿司　花いちもんめ。ひとり旅に、サクッと入ることができて、カウンターでサクッと食べられる回転寿司屋は、とても便利。しかも、ネタの宝庫である北海道最北の地なのだから、期待は高まる。

回転寿司だが、注文書に書いて渡すスタイル。イクラ、生ホタテ、炙りサーモンなどネタが大きくて新鮮で美味しい。とくにプリップリの生ホタテは極上の味だった。

北海道は美味しいものがたくさん。しかも安価で手軽に堪能できるのは、うれしいかぎり。今回はラーメン、夕張メロン、チーズ、トウモロコシなど食べていないものもある。「その土地の美味しいものを食べる」というのは、私にとって旅のいちばんの動機にはなりにくいが、ひとり旅をするとき、なくてはならない要素ではある。

白鳥の観測所で、地元の人の身の上話を聞く

3日目は稚内発13時10分の飛行機で帰る予定だったので、ホテルを10時にチェックアウトしてゆっくり空港に向かう。空港までは20分。時間が余り過ぎたので、空港のすぐ近くにある大沼野鳥観察館[*6]（大沼バードハウス）に寄る。

ログハウス調の趣のある建物に入って行くと、70代くらいの男性スタッフが「寒い？薪ストーブに火を入れようか？」と話し掛けてきた。

ステレオタイプだが、北海道が舞台の映画に「漁師をまとめるリーダー」として出てきそうな、朴訥としたやさしい雰囲気の人だ。

私は「大丈夫です。外はかなり寒いですけど、室内は暖かいですよ」と言いつつ、双眼鏡を借りて窓からバードウオッチングをする。運が良ければ、生息している鳥が見えるだろうと思っていたら、驚いた。沼というより、大きな湖の水面に白鳥がうじゃうじゃとひしめき合っている。

その数1000羽以上で、圧巻の光景。ちょうどこの時期は、日本各地で越冬した渡り鳥が繁殖地のシベリアなどに帰る「北帰行」の季節。大沼は渡りの中継地で、水面や

牧草地で白鳥とマガンの群れが羽を休め、植物の新芽などを食べて栄養を蓄えているという。

双眼鏡で見ると、カップルの白鳥、小さい子どもの白鳥など関係性がうかがえて面白い。黒っぽいマガンの群れもいて、白鳥たちとうまく距離を保ちながらくつろいでいるようだ。あと数週間もすると、旅立つというから、タイミングが良かった。

2時間近く時間があるので、白鳥のこと、地域のことなどいろいろ聞く。もともと大沼は白鳥が飛来する場所ではなかったが、数十年前に地域の子どもたちに見せたいと、餌を撒いたり、沼の氷を割ったり、白鳥の模型を置いて鳴き声を流したりとさまざまな努力をした結果、秋と春に多いときは7000羽近くやって来るようになったとか。

男性自身のことも少し気になった。この地域の人は、どんな仕事をしてどんな人生を送っているのだろう。

「この施設は稚内市がやっているんですか?」とさりげなく聞くと、

「あぁ、うちの息子が市から請け負ってやっているんだ。私は昔、漁師だったんだが、いまはここを時々手伝っているだけだよ」

漁師……ステレオタイプの勘も意外に当たるものだ。

「漁師さんは相当、儲かったと聞いたんですけど、ほんとうですか?」なんて、旅人の図々しさで聞くと、「昔はね……」と静かに話し出す。無口そうな男性も気分が良かったのか、漁のこと、家族のこと、極寒の生活のことなどポツリポツリと。

「お父さんと一緒に仕事をするなんて、いい息子さんですね」と言うと、「どうかな。でも孫はよく育ったと思う。プロスノーボーダーなんだよ」と教えてくれた。

「えー？　なんて名前？」と聞いて、すぐさまスマホで調べる。私は知らなかったが、有名な選手のようだ。

うれしそうに孫のことをしゃべる姿が、なんだか心あたたまる。旅先でのふとした出逢いは、私にとって宝物。こんな宝物を集めるために、旅をしているのかもしれない。

すっかり打ち解けたので、男性は「何時の飛行機？　まだ時間はある？」と言って、鳥たちへの餌やりを見せてくれた。私の出発時間に合わせて通常より、1時間ほど早めてくれたようだ。やさしい。

男性が餌をリヤカーで運ぶと、鳥たちはクァークァーとひときわ高く鳴きながら一斉に同じ方向に動き、広い範囲に撒かれた餌を、うれしそうに食べている。私も近づいてその様子を観察する。

こんなに近くで白鳥の大群を見たのは初めて。かわいい。うつくしい。元気いっぱい。野生の白鳥の寿命は10年から15年というが、接近すると、毛並みや動きから、子どもも若者も、高齢者もいることがわかる。白鳥は夫婦仲が良く、家族でいつも一緒にいると聞く。

これからこの子たちは、隊を組んで長旅が始まるのだ。私は「栄養つけてがんばって！」と念じる。

男性にも「逢えて良かった。いい旅になりました」と伝えて、私もひとり旅の帰途につく。

どんな場所でも、動物も鳥も人も懸命にいまを生きている。一人ひとりの人生の物語もある。私は旅をすればするほど、人が好きになる。

＊6　大沼野鳥観察館（大沼バードハウス）　白鳥が多く飛来する沼として有名。大沼に面したログハウス造りの大沼バードハウスには観察室や展示コーナーが設けられている。

シベリアへの北帰行で、羽を休める白鳥たち。
日本列島が縦に長いことを
肌で感じる旅だった。

ホテルの食事、付ける？　付けない？

ひとり旅で悩ましいことのひとつにホテルや旅館の宿泊に「食事は付けるか？」という食事問題がある。

「ひとりでも地元の美味しいものをたくさん食べたい」という人もいるし、「ひとりだから食事は適当でいい」という人もいるだろう。

私はケースバイケースで、まわりに飲食店が皆無だったり、その宿は料理がウリだったりするときは朝食夕食を付けることもあるし、外食したいときは素泊まりにすることもある。

もっとも多いパターンは「1泊朝食付き」。

ホテルや旅館の夕食は、「ご馳走でおもてなし」が基本スタンスなので、量が多くて過剰なカロリーを摂取することになり、高額な料金も上乗せされる。朝食付き1万円、2食付き1万5000円なら、5000円分の夕食をしていることに。それだけあれば、外でかなりぜいたくなメニューを味わえるはずだ。

対して朝食のバイキングは安価なうえに、その土地の食材や郷土料理が並んでいるもの。コックさんに卵料理や麺料理などその場で作ってもらえたり、種類が多くても量は自分で調整できるので満足度は高い。しかも、朝食をしっかり食べると、昼は道中、適当に済ませて、動き回る時間ができる。

夕食はひとりだと、コース料理を出すようなレストランには入りにくいので、こちらも手軽に済ませる。

お酒好きな人なら居酒屋やレストランのカウンターで地酒やワインを飲みつつ、シェフやまわりの人と会話するのもありだが、私はお酒が飲めないので、Ｇｏｏｇｌｅマップやネットで、簡単に食べられる美味しいお店を探す。たとえば定食類やお蕎麦、鰻、ご当地ラーメンなどはひとりで入りやすい。海が近いエリアなら海鮮丼、回転寿司の店もいい。

迷ったときは、ホテルのスタッフなど地元の人におすすめを聞くのがいちばん。大抵は喜んで美味しい店を何軒か提案してくれる。

ランチの遅い時間、ディナーのスタート後すぐなど、混み合わない時間を狙っていくと、ひとりでテーブル席やカウンターにいても居心地悪くないし、お店の人も丁寧に対応してくれる。

また、「今日は歩き疲れたのでホテルでゆっくりしたい」というときは、テイクアウトディナーを楽しむ。とくにデパ地下や地元スーパーではご当地の食材を使ったお惣菜やお弁当があったり、コンビニでも地域限定商品を発見したりするので、じゅうぶん満足。

これらを利用すれば、人目を気にせず、体調やお腹の好き具合によって、柔軟に食事を選ぶことができるのだ。

行った県を塗りつぶす「コンプリートアプリ」

日本のいろいろな場所を巡るひとり旅は楽しいものだが、「これまでどこに行ったっけ？」とわからなくなることがある。

そんなとき47都道府県の日本地図を塗りつぶすアプリを利用すると、どこに行ったか、どこに行っていないかが一目瞭然。一度訪ねた都道府県を把握できて、「つぎは○○県に行ってみようかな」などと旅の計画を練るのも楽しいし、白地図が1県でも埋まると達成感がある。

私も日本でまだ行っていない県が東北を中心に9県ある。せっかくなら時間をかけて全国制覇を狙いたいところ。

「秋田県、いつか行きたいなぁ」などと思っていると、俳諧紀行文でもっとも有名な松尾芭蕉の『おくのほそ道』の最北の地が秋田にあることを知ったり、「秋田の玉川温泉に行ったけど、すごく良かった」といった声を聞いたりする。

ぼんやりとでも「○○に行きたい」と思っていることは、無意識のナビゲーションシステムに目的地をインプットするようなもの。実現が早まると実感している。

日本地図を塗りつぶすアプリは、「ｉｔｔａ」「トリップノート」「経県値―けいけんちー」「都道府県制覇」など写真や旅情報検索、メモ機能と連携しているものもあるが、私はもっともシンプルな「Japan Complete（ジャパンコンプリート）」（App Storeのみ対応）というアプリを使っている。

使い方はいたって簡単。地図上の行ったことがある都道府県をタップするだけで色を塗りつぶすことができる。「立ち寄った」「旅行した」「住んだ」の3項目が色分けできるよう基準設定してあるが、自分でオリジナルの設定をすることも可能。

「Your Complete 80.85% 38/47areas」などと、数値で現状認識ができると、ゲーム感覚でクリアしたくなってくる。

世界地図を塗りつぶすアプリで使っているのが「Visited World Map（ヴィジテッド ワールド マップ）」。こちらも行った国をタップして塗りつぶすだけ。「行った」「行きたい」「住んだ」に色分けして、全世界のうち行った国の数と達成パーセントがわかる。

200ほどの国をコンプリートするのは今生ではむずかしそうだが、だからこそ行きたい国を厳選して少しずつでも地図を埋めていきたいと心が躍る。

ちなみに私はできるだけ近いうちに「行きたい」国は、クロアチア、メキシコ、キューバなど。行くのも歩き回るのも体力がいりそうなので、それまで体を鍛えておこうと思う。

コンプリートアプリは、自分の旅の歴史を静かに盛り上げてくれるツールなのだ。

荷物が少ないほうが、旅は気楽で楽しい

身軽に旅をしているようでも、実は私はものすごく慎重で「あれも持っていかないと」「これもいるかも」と荷物が多くなりがちだ。が、ずっしりしたスーツケースは持ち歩くだけで面倒。気持ちも重くなってしまう。

そんなときは「財布とスマホさえあればなんとかなる！」と考えて最小限のものを厳選する。荷物は何泊であっても、ひとりで抱えて階段の上り下りができることが基本だ。

私の【国内ひとり旅の持ち物リスト】は……

＊スマートフォン＋充電器
＊財布（現金少し、銀行カード、クレジットカード2枚、免許証、保険証など）
※紛失したときのために、予備の小さな財布に小銭とクレジットカード1枚を入れておく
＊手帳・筆記用具
＊ミラーレス一眼カメラ＋充電器
＊スキンケアセット（試供品、または必要量を小容器に移し替えて）
＊メイク用品（軽いポーチに入れて）
＊持病の薬、目薬
＊眼鏡

＊下着1～3枚（使い捨てか、速乾性のもの）
＊着替えの服1～3枚（動きやすくて皺になりにくい、お気に入りの服を厳選）
＊肩かけのポシェット
＊ストール、タオルハンカチ

国内1～2泊であれば、最低限のメイク用品さえあれば、週末に思い立って、ふらりと旅立つこともできる。スキンケアセットはコンビニでトラベル用を買い、下着や靴下はホテルで寝る前に洗えば、翌朝は乾いている。

また、これに加えて【海外ひとり旅の持ち物リスト】は……
＊パスポート・戸籍謄本・写真2枚
＊プラグセット・変圧器
＊軽量エコバッグ、ゴミ袋、除菌シート
＊帽子、サングラス
＊ビーチサンダル（室内外で履ける）
＊歯ブラシ、歯磨き粉
＊胃腸薬、頭痛薬
＊椿オイル（肌、髪に使える乾燥対策）

ひとり旅ではかしこまったディナーに行くことはないが、現地でだれかと行く場合は、フラットなシューズかおしゃれサンダル、アクセサリーを1セット加えて。

旅のシミュレーションをしながら旅支度をするのは、すでに楽しい。見知らぬ街を身軽な格好で歩く自分をイメージして、サクッとやってしまおう。

Googleマップを使いこなすと旅の世界が広がる！

ひとり旅のガイド役として欠かせないのが、スマホアプリの「Googleマップ」。電車やバスの時刻まで調べて目的地に連れて行ってくれるし、ホテルやレストランの情報も簡単に入手できる。

旅のプランを練る段階でも、行ってみたい場所をマーキングすることで旅の予定やルートも決めやすくなる。使いこなすことで旅の楽しみがぐんと広がるのだ。

「Googleマップ」の主な使い方はつぎの5つ。

①事前に行きたい場所を保存しておく
②行きたい場所への経路検索をする
③近くになにがあるか周辺をスポット検索
④スポットの口コミを見る
⑤旅の道中で目で見た建物や施設などの名称確認

まず、旅の準備として「保存」という機能がとても便利。つぎの旅で行きたいスポットだけでなく、雑誌やSNSなどで「このホテル、泊まってみたいな」「この素敵なカフェでお茶したい」などと見掛けたときに、すぐさまGoogleマップの「行ってみたい」という緑の旗を立てて保存しておく。どうして行きたかったのかわからなくなるので簡単なメモも付けて。
「経路検索」は車・電車・徒歩の移動手段におけるルート、移動時間などを調べる機能。旅の計画をするとき、旅をしている最中も何度も活用する。
「スポット検索」は、「この周辺にランチの美味しい店はない？」「ほかに観光スポットはない？」など、近くになにがあるかを検索。写真や営業時間など詳細情報のほか、口コミも調べられるので、好みのスポットを見つけやすい。

私が使うことが多いのが、旅行中に「あの歴史的な建物はなんだろう」「この学校はなに？」などと気になったときに、Ｇｏｏｇｌｅマップで名称を確認すること。「へー。これが有名な○○か」などと知ることも多い。

また、Ｗｉ－Ｆｉを使える飛行機のなかで上空から見た島の名前、町の名前を確認することがある。

とくに楽しいのが伊丹空港（大阪国際空港）に着陸するとき。左窓側の席に座り、窓からの景色とＧｏｏｇｌｅマップの「航空写真」を照らし合わせて見ると、八尾空港、大阪城、梅田スカイビル、新大阪駅……と観光名所巡りをしているよう。伊丹空港は大都市の上空を飛ぶ世界的にめずらしいルートなのだとか。

Ｇｏｏｇｌｅマップはひとり旅の頼りになる知恵袋。使えば使うほど好奇心が湧いてくる。大いに活用して自分の世界を広げていきたい。

宮古島

海が見える
離島のホテルで深呼吸

3つの大橋をドライブして制覇する

北海道から帰って半月後、大阪でコンサートを見たあと、関西空港から宮古島に向かう。1カ月のうちに北海道と沖縄を体験するなんて、とてもぜいたくな気分だ。

宮古島に行こうと思ったのは、ANAの国内線どこでも平日片道7000円のキャンペーンに乗ったこともあるが、行ったことのない場所であること、そして、旅行雑誌などに出てくる長い長い橋を、ドライブしながら渡ってみたかったからだ。

宮古島と来間《くりま》島、伊良部島、池間島は、それぞれ3つの架け橋でつながっている。島から島へとだだっ広い海を飛び越えるように疾走するのは、さぞかし爽快なことだろう。

宮古空港に12時55分に着き、翌日の17時35分発で帰るという1泊2日の旅だが、1周100キロほどの島をぐるりと回るにはじゅうぶんだ。

宮古島に飛行機で降りていくとき、海の色があまりにもうつくしくて息を呑む。とくにおにぎりの形をした来間島は、透明度の高いエメラルドブルーの海で囲まれていて、まるで宝石のようにキラキラと輝きを放っている。

「まずはこの島に行こう!」とレンタカーを借りるとすぐに来間島に向かう。15分ほどで来間大橋に入り、左右両サイドに海が開けてくる。橋が長いだけに海の上を走っているようだ。テンションが上がりまくって、「ひゃっほー」と叫びたい気分。

ただ運転していると脇見ができないので、渡った先にある来間大橋展望台から全体像をちゃんと眺める。海の色に青と緑のグラデーションがあり、涙が出そうな絶景。走っているときは気づかなかったが、橋の中央がこんもり盛り上がっている。大きな船が下を通れるようになっているらしい。

宮古島をぐるりと1周して、夕方、ホテルに向かうときに通ったのが、伊良部島に架かる伊良部大橋。こちらはさらにスケールが大きく、ゆるやかなカーブと、ゆるやかなアップダウンがある。海の色も景色も移り変わっていき、自然のさまざまな表情が見られる。

渡り切ったところにある「いらぶ大橋　海の駅」に車を停め、2階の眺望広場から全景を眺める。こちらもため息が出るほど、かっこいい橋だ。無料で渡れる橋としては日本最長の3540メートルという。橋を渡るだけでこんな幸せを実感できるなんて、来て良かった。

そして、翌日訪れたのが、宮古島の北西にある小さな島、池間島に架かる池間大橋だ。

まっすぐ一直線に伸びる橋を走るのは、気分爽快。じつは、3つの橋のなかでも絶景度ナンバーワンといわれ、このあたりの海の美しさも宮古島随一。エメラルドブルーの海は、底が透けて見えるほどの透明度で、空とつながっているよう。

ＣＭや雑誌などでよく使われている橋なので、「そうそう、これが何度も見た憧れの光景だ」と思う。

橋の全貌を見ようと、池間島側の橋のたもとに数軒並んでいる売店に立ち寄る。この日は曇り気味で展望台からの眺めは霞んでいたが、それはそれでうつくしい。到着地点が見えないほど、どこまでも続く橋の姿を、しっかり目に焼きつけておきたい。

2日間で3つの橋を制覇、おまけに宮古島を1周すると、なんともいえない達成感と幸福感がある。どの橋も想像以上のスケールで、写真以上の絶景だった。

そして、これらの巨大な橋を架けるために働いてくれた人たちに「ありがとうございます」と手を合わせたくなる。

自然の力も、人間の力も偉大で、尊くて、うつくしい。

リゾートウエアを大人買いする

4月の宮古島はたいへん暑かった。来間大橋を渡ったところで、なにか冷たいものでも飲もうとGoogleマップで探すと、すぐ近くにスムージーのAOSORA PARLOR（あおそらパーラー）がある。辿り着いて視界に入ってきたのは、その隣の洋服屋さん。その瞬間、「飲み物も欲しいが、洋服、着替えたほうが良くない？」と思ったのだ。

その店、GAJUMARU Kurima island（ガジュマル・クリマ・アイランド）[*1]は、おしゃれなコンテナハウスで、入り口には何本かの椰子とハイビスカスが生えていて、そこから南国ムード。それほど広くない店内には、ぎっしりと南の島の雰囲気のリゾート・ファッションやアクセサリーや雑貨が並んでいる。

店員さんがサーファーっぽい若い女性だったので、一瞬、「私の年代が来ていいお店？」と思ったものの、気ままなひとり旅。私が良ければいいではないか。

それにしても、かわいくて、かっこいいリゾートワンピースがいっぱい。普段は着ないような派手な色や大きな柄でも、旅先なら挑戦できそうでワクワクしてくる。

しかも、インド綿や麻の天然素材で着心地が良さそう。旅の服は、着やすくて、動きやすくて、扱いやすいのがいちばん。おまけに、びっくりするほどリーズナブル。ワンピースが3000円台で買えてしまうのだ。いわゆる観光客だけを対象にした店ではなく、地元の人にも人気の店のようだ。

ずっと無言で作業をしていたおしゃれなスタッフに、「試着してもいいですか?」と大きな声で聞いてみると、「もちろんですよ。どうぞ、どうぞ。試着室が狭くてごめんなさい」と明るく元気な声が返ってきた。

試着したいワンピースがたくさんある。あり過ぎて迷う。「これとこれ、どちらが似合います?」なんてカジュアルに聞いてみる。すると、「わー、こっちがいいと私は思います。大人の雰囲気で素敵ですね」「派手な色も、意外に似合いますよ」「背が高いから、こっちもいいんじゃないですか?」などと一緒に探してくれる。

こんなに外見を褒めてもらえるのは、久しぶりかも。新しい自分を引き出してくれるようで、気分が高まる。それに、世代や地域やタイプの違うおしゃれな人から、違う目線でファッションアドバイスをしてもらうのは、なんと楽しいのか。のせられているだけかもしれないが、これも旅のお遊び。リスクの少ない範囲で楽しめばいいのだ。

30分ほどあれこれ試着して、マゼンダ色の大柄のワンピースと、オリエンタルブルーの綿麻のセットアップ、ビーズがたくさん付いた履きやすいサンダルを購入。セットアップは、ワンピース、パンツとして単品で活用できるのがうれしい。4点で1万円を超えたが、お得な買い物をした！　という満足感でいっぱい。

なによりこの旅を真新しいリゾートワンピースで過ごせると思うと、テンションが上がる。私は「このまま着て行きますね」と服もサンダルも新しくして、さらに暑くなってきた太陽の下に繰り出す。

「こんなに大人買いをするなんて、大人になったなぁ」としみじみ幸せを嚙みしめる。それほど高い買い物をしたわけではないけれど。

たまたま旅の初めに洋服屋さんを見つけたのは幸運。お気に入りのワンピースを見つけられたのも幸運。その服で気分を上げて旅を楽しむのも、ひとり旅だから起こりやすい幸運かもしれない。

＊1　GAJUMARU Kurima island　店内にはオリジナルの雑貨類やアクセサリーやリゾートワンピースが並ぶ。エシカルで環境に配慮した商品も好評。

下地島空港の「17END」で着陸機を真上に仰ぐ

今回の旅で泊まったのは、伊良部島にあるウォーターマークホテル&リゾーツ沖縄 宮古島。ひとり旅で一晩寝るだけだが、せっかくだから海の見える部屋がいい、できれば宮古島から橋を渡った離島に泊まりたい、価格はほどほど……ということで、このホテルに決定。行ってからわかったが、「変なホテル」などのHISホテルホールディングスが経営しているホテルで、2023年夏に開業したばかりできれい。朝食のあと、海辺を散歩したり、屋上のインフィニティプールのデッキチェアでコーヒーを飲んだりして、ゆったりと過ごせた。

これも行ってからわかったことだが、伊良部島と下地島は同じ島かと思うほど接近していて、魅力的なスポットがいくつもある。

ホテルのすぐ横には、日本の渚100選に選ばれたというビーチ、佐和田の浜。遠くまで浅瀬が続く沖に、ゴロゴロとした黒くて大きな岩が無数に転がっている不思議な風景だ。こんな渚は見たことがない。

「どうしてこんなに岩が散らばっているのか?」と、スマホで調べると、遡ること約

250年前、明和の大津波によって海底にあった岩が浜に打ち上げられて残っているのだとか。自然の威力はすさまじい。私たちがうつくしいと眺めている風景にも、当時、たいへんな被害を受けた人たちがいたと思うと、複雑な気持ちになる。

2つ目のスポットは、下地島空港の北側にある17END[*2]（ワンセブンエンド）だ。離発着する飛行機を真上に見られるため、飛行機マニアの聖地なのだとか。

ホテルのフロントで下地島空港の発着時間を調べてもらい、翌朝11時に到着する東京からのジェットスター機に合わせて17ENDに向かう。ほとんどの人は宮古空港を利用するので、下地島空港に到着する便はLCCが1日数便しかいない。

どうして17ENDという名前なのか猛烈に気になって調べると、滑走路の角度が真北を0度としたときに、170度の方角を向いているため、識別番号が「17」であること。また、航空用語で滑走路の末端を「Runway End」と呼んでいることに由来するとか。使えない知識かもしれないが、気になったことはすぐに調べるのが私のささやかな幸せ習慣。好奇心に従って、知らないことを知る快感は、本質的な幸福のひとつだと思うのだ。

17ENDの地点には、駐車場から堤防を15分ほど歩く。このあたりはターキッシュブルーの透明度の高い海で、ほんとうにうつくしい。先端に到着したときは、ほとんど人がいなくて「この場所で合ってる？」と不安になったが、定刻直前には、本格的なカメラを抱えた人、浮かれてはしゃいでいる若者、外国人のファミリーなど続々と集まってきた。やはり、有名な観光地のようだ。

そして、17ENDから海に長く伸びる桟橋の誘導灯がピカピカと光ったと思ったら、小さく見えた飛行機がぐんぐん近づいてきて、ゴォーという爆音とともに真上を通り過ぎて着陸した。一瞬の出来事だった。なかなかの迫力で、パラパラと拍手が起こる。あぁ、面白かった。

人びとは即いなくなったが、作業服を着た男性たちだけが残っていたので、「なんの作業をされているんですか？」と聞くと、「誘導灯のランプを全部LEDに取り替えているんだ。飛行機が来ない時間帯にね」と教えてくれた。家庭用と同じように、LEDランプのほうが省エネで長持ちするのだとか。

なるほどねぇ。聞いてみるもんだ。疑問に思ったことを聞くことでも、知る快感を得られる。それに、現地の人とコミュニケーションを取るのも楽しいし。

誘導灯はかなりの個数があるので、全部を取り替えるのは数日かかりそう。私たちが飛行機に乗ってあちこち旅ができるのも、こうして目に見えない作業をしてくれる人たちが山ほどいるからだと、改めて思い知る。

17ENDの近くには国の天然記念物に指定され、パワースポットとして知られる「通り池」がある。駐車場から10分ほどマングローブの並木道を歩くと、ぽっかりと2つの池が現れる。大小の池は地下でつながっているので、通り池と呼ばれるようになった。もとは石灰岩でできた鍾乳洞で、2カ所が崩落して天然橋で結ばれる形になったとか。吸い込まれるような藍色の池で、人魚姫伝説があるのもうなずける。

池の間の遊歩道を上っていくと、隆起珊瑚の雄大な風景が見られて、これもなかなかの絶景。大自然の壮大なパワーを実感する。

旅で「見ること」「知ること」「感じること」は、たまらない快感。そんな幸せは、求めた分だけ、与えてもらえるような気がする。

＊2　17END（ワンセブンエンド）　2019年に開港した下地島空港の滑走路の西側一帯は「17END」という通称で知られる。一番先端まで行くと海に伸びる誘導路と着陸する飛行機を間近に見ることができる。

なんでも食べてみるもんだ

伊良部そばとやらを食べた。もともと沖縄のソーキそばは、それほど好きではなかった。昔食べたものが味がぼんやりして麺もコシがなくて、美味しいと思わなかった。宮古島の宮古そばも似たようなものと敬遠していたが、食べることになったのはほかに選択肢がなかったからだ。

ホテルのコンシェルジュにおすすめの店を聞くと、申し訳なさそうに、「このあたりは夜やっている店があまりないんです」と言いつつ、数件教えてくれた。

お食事処さしばという店なら、定食類があるだろうと思って行ってみると、居酒屋の単品メニューばかり。唯一この島らしい料理が伊良部そばだった。

あまり気が乗らないが、一応、「伊良部そばと宮古そばって、どう違うんですか」と、男性店員に聞く。

「宮古そばは、豚肉が入ってるんだけど、伊良部そばはカツオのなまり節が入っているんですよ」と、丁寧に説明してくれる。豚とカツオは大違いだ。どちらかというと、私はカツオのほうが好き。よしよし。

「ん？　なまり節とカツオ節って、どう違うんだっけ？」

「カツオ節は何度も燻製にして、何度も天日干しにしてカチカチにするけど、なまり節は一度だけ燻製にしたものだから、やわらかいんですよ」

へー、それは美味しいかもと、伊良部そばとやら748円を注文。食べたことがないものは、一度は試してみようではないか。ちなみに沖縄そばと宮古そばの違いは、おもに麺とだしの違いだとか。

運ばれてきた伊良部そばは、とてもシンプル。やや太めの丸麺に透明なスープ。トッピングは大きななまり節が3切れとネギのみだ。

食べてみて、「なになに？　ちょっと待ってよ」と、予想を何倍も超える美味しさに感動する。とにかく、カツオのだしがしっかり利いたスープがとんでもなく美味しい。なまり節もやわらかくて深い、染み入る味わい。ふーっ、幸せ。生麺もコシがある。人生で食べた沖縄系そばのなかでは、ダントツ1位だ。

私はスープを最後まで飲み干す。思ってもみない美味しさだった。食べてみるもんだ。ほんと、また食べに来たいと思うほど。

時間がまだ早く、そばだけではお腹が空きそうと思い、ホテルに帰る前に伊良部島で唯一のコンビニ、ファミリーマート宮古伊良部店に寄る。旅に来て全国チェーンのコンビニに行くのはあまりセンスがないと思いつつも、レンタカー移動のひとり旅には、なにかと頼りになる存在だ。

ゴーヤチャンプルやタコライスなど地元っぽいお惣菜、沖縄限定のスナック菓子やドリンクが並んでいる。サーターアンダギーが何種類か、レジ前のショーケースでコロッケや唐揚げと一緒に置かれているのに驚く。

もともとサーターアンダギーは私の大好物なので、食べない選択肢はない。

「プレーン味、ください」と言うと、若い男性が、

「サーターアンダギーですね。温めますか?」と聞いてきて、またびっくり。

え? サーターアンダギーって温めるものだったの?

「はい。お願いします」とレンジでチンしてもらい、できるだけ温かいうちにと車のなかで即、食べる。いやいや、びっくり。温めると格段に美味しくなる。出来立てなのか、外側のサックリ感、なかのしっとり感が半端ない。たぶん人生で食べたサーターアンダギーのなかでダントツ1位。味も甘過ぎず、これならもう1個いけそうと、夜食用にさらにひとつ買った。

もうひとつ、「こんな食べ物があったの?」と感動したのが、池間大橋を渡ったところにあるお土産物屋さん海美来《かいみーる》の紅いももち。なにか買って2階、3階の展望台から景色

を見せてもらおうと入ったら、「元祖　紅いももち」に行列ができていた。みんな、揚げ立てができるのを待っているのだ。

愛想がものすごく良くて、元気いっぱいの女性が、「何分かしたらすぐできるよっ」と言うので、迷わず注文する。一見、大きな胡麻団子の紅いももちは、一口かじると、鮮やかな紅芋のペーストが出てくる。餅のように伸びる食感ではなく、紅芋の粘り気でもっちりしていて、自然の甘み。表面にぎっしりと付いている胡麻も香ばしくて、いい仕事をしている。病みつきになりそうなほどの美味しさで200円、しかも宮古ブルーの海を見ながら、アツアツを食べるのは、最高のぜいたく。

「食べてみるもんだ」を何度も味わう旅である。

迷っても、間違っても、楽しい宮古島ドライブ

知らない道を行くのが好きだ。

地元でも車を走らせていて「こんな道、あった？」という道を見つけると、ワクワクして通ってみるし、旅先の散歩も地図を頼りにせずに、迷いながら歩き回る。

子どものころから学校帰りに通学道を外れて寄り道をするのが、たまらなく好きだった。「この道の先はどうなっているのか」と思うと、確かめずにはいられないのだ。

ぼっけもん（怖いもの知らずの大胆な人間）ではない。いまもどちらかというと小心者だが、間違っても「なんとかなるだろう」と思える範囲内では、いくらでも冒険者になれるし、迷うことさえも楽しい。

かつて、私はそんな風変わりな自分のことを、刺激を求め続けるドーパミン中毒か、思い付いたことをパッとやってしまう多動性障害ではなかろうかと疑心暗鬼になり、専門家に相談したことがあった。しかし、それにはぴたりとは当てはまらないようだ。

むしろ、知らない道を行ったり、迷ったりする体験や、新しい経験をすることは、不安や恐れに対応する脳内物質〝ノルアドレナリン〟が分泌されて脳を活性化し、集中力

や記憶力、判断力を高め、ストレス耐性を強める作用があるという。クヨクヨ悩んでいるときも、あえて知らない道をさまようことは悩みを吹き飛ばす効果があるとか。

私はいつも知らない道を探検していた。人生もしかりで、約50種の仕事、約50回の引っ越し、約50カ国への旅などはその象徴。そんな機会が楽観的にいまに夢中になり、たくましくなるチャンスを与えてくれたのかもしれない。

時間と労力の無駄なく最短な道を行きたい人には、まったくもってバカみたいな行動パターンだが、一見無駄な寄り道や迷い道のなかに成長や幸せは潜んでいるのだと思う。

さて、話は大きく寄り道したが、宮古島のレンタカードライブで、道を逸れること、迷うこと、間違うことの楽しさを再確認した。

今回の気ままな旅は3つの長い橋を渡る、宮古島を1周すること以外はなにも決めていなかった。予習もほとんどしなかった。北海道と違って4時間ほどで回れる面積なので、間違っても道を遠く逸れることはないだろう。

北海道はお気に入りの曲を大音量で聴いたが、今回は地元のラジオを聴きながら、平地に広がるサトウキビ畑のなかや、宮古ブルーの海が見える海岸線をひた走る。FMみやこというローカル局では、宮古島の方言でまったりしゃべっていたり、民謡がかかっていたりして、旅気分を盛り上げてくれる。

1日目に、行く予定はなかったが、ふと看板を見つけて寄ってみたのが平安名埼《へんなさき》灯台。宮古島の最南端に長く伸びた岬の先に白亜の灯台があり、駐車場から遊歩道を10分ほど歩く。幸運にもちょうどテッポウユリの季節で、あちらこちらに咲いている。

この灯台は全国に16基しかない「のぼれる灯台」のうちのひとつで、最南端のもの。参観寄付金300円を寄付して97段の螺旋階段を上ると、そこは360度、パノラマの大絶景。紺碧の海が彼方まで広がる。このあたりは東シナ海、太平洋の波がぶつかるポイントで、海の壮大さに想いを馳せて、ずっと眺めていたくなる。

2日目は宮古島の北側にある池間島を適当に回ろうとしたら、何度も道に迷った。それでも「ここは楽園か！」と思うほど、エメラルドブルーとサラサラ白砂がうつくしいフナクスビーチ[*3]が出てきたり、池間島灯台から小道を降りていって隠れビーチを発見したり。とくに舗装されていないでこぼこ道を行くうちに辿り着いた池間島湿原[*4]は興味深いものだった。もともと左右に分かれた島の海峡が、塞がって湿原化したのだとか。目的を決めない旅で、面白いものにひょっこり出合う感覚っていいな。

FMみやこからは鹿児島の旅行情報が流れてきた。宮古島で鹿児島の話を聞く不思議。パーソナリティーが「鹿児島空港に行ったら、2階の山形屋のレストランで焼きそばを食べよう。黒酢をかけるとさらに美味しくなるよ」なんて話している。

私はうれしくなって、北海道に続き、宮古島から山形屋の社長にすぐさまメッセージを送る。「宮古島の人からも山形屋の焼きそば、愛されていますよ」と。やさしい社長で「それはうれしいですね」と律義なお返事があったが、私は旅のノリで図々しいことをしてしまったと恥ずかしくなる。まぁいいか。大抵の失敗は笑って済ませられることだから。

＊3　フナクスビーチ　宮古島観光の上級者に知られる知る人ぞ知るビーチ。サンゴや熱帯魚がおり、左右が岸壁に囲まれているので、比較的波が穏やかなのも魅力。

＊4　池間島湿原　沖縄県最大の湿原、環境省選定の「日本の重要湿地500」に選ばれている。多様な動植物が生息。展望台からは、湿原特有の水生植物群が見られる。

「来間大橋」は車で走ると気分爽快。
この直後、リゾートワンピースを買って
着替えた。

ひとり旅のホテルの選び方、こだわり

旅の目的や仕方によってホテルの選び方は変わる。「ホテルは寝るだけだから安ければいい」という人、「せっかくだから心に残るホテルに泊まりたい」という人、どちらもあり。

私も飛行機を乗り継ぐときは羽田空港内のカプセルホテル、東京都内で人に会うときは駅近くのビジネスホテル、沖縄でゆっくり過ごしたいときは海に近いリゾートホテル、奄美大島に長期滞在するときは現地の人と交流できる古民家1棟貸しなど、目的によって選ぶ場所がまったく違う。

ホテル選びのポイントは大きく分けて3つ。

①価格（上限、キャンペーンなど）
②立地（交通の便利さ、過ごしたい場所など）
③部屋の心地良さ（清潔さ、広さや雰囲気、セキュリティー、眺めなど）

まず、「どんな旅にしたいか？」と旅全体をざっくり考えてから、ホテルも「ひとりで快適に過ごすイメージができるか」「ひとりでいて絵になるか」がポイント。

Googleマップやホテル検索サイト（Booking.com、agoda、Expedia、楽天トラベル、一休.

ｃｏｍなど）の口コミを参考にするとイメージが湧きやすい。旅の目的を軸にして「ファミリー客が多くて、ゆっくりできなさそう」とか「駅から離れていて不便そう」などネガティブな要素があれば却下。

また、ホテル検索サイトで価格や口コミを参考にしつつ、予約はホテルの公式サイト、または電話で直接予約したほうが、大抵はもっとも割安で要望も聞いてもらえる。「眺めのいい部屋希望です。楽しみにしています」なんてメッセージを送ると、当日アップグレードしてもらえることもある。ひとり旅はホテル、飛行機でアップグレードしてもらえる確率が高いのだ。

人それぞれのこだわりがあるが、私は初めて行く場所や2泊以上する場所では、「眺め」がホテル選びのポイントになる。人とおしゃべりをするわけではなく、ひとりで過ごすのだから、街並みや海や山など夕方も朝も眺めて、その場所をしっかり感じたい。ホテルからの景色がいいだけで旅の満足度はぐんと高まる。

また、温泉旅館は新しい建物より、物語を感じるような歴史ある宿に泊まりたい。高級旅館でなくても、現代では見ることのない建築様式、客室の細工、使い込まれた大浴場など、タイムスリップしたかのような風情がある。

ときには宿のご主人やスタッフが、興味深いエピソードを教えてくれることもある。「ここにどんな人が集ったのだろう」と遠い時代に想いを馳せるだけで、ゆたかな気持ちになるのだ。

国内のひとり旅は「ワンピース＋スニーカー」がおすすめ

私が国内のひとり旅をするときの服装は、圧倒的にワンピースが多い。

理由はコーディネートを考えなくていいのと、1枚だけでサマになるから。旅行の前日に鏡の前でファッションショーをして、トップスとボトムスの組み合わせを考えるのは面倒。ヘタすると睡眠不足で出発することになってしまう。

1泊なら、替えの下着だけで着替えはいらない。2〜3泊の旅であれば、着て行くワンピースと、もう1着、皺になりにくいワンピース（またはセットアップ）があればじゅうぶん。

まずワンピースを決めてから、ストール、アクセサリー、帽子など小物を選ぶのはさほどむずかしくない。春秋の肌寒い季節は、脱ぎ着のしやすいアウターを組み合わせて。

お気に入りのワンピースは、気分を上げてくれるもの。ディナーに出かけるときは華やかなスカーフと大きめのアクセサリー、おしゃれなサンダルを合わせることもあるし、街を歩き回るときは、履きやすいスニーカーで闊歩する。

以前は「フェミニンなワンピースには、細めのパンプスでしょ？」と思っていたが、いまはむしろ、ボリュームのあるスニーカーのほうが、全体の甘さを調節して、しっくりくる。ロング丈のワンピースなら、縦長ラインを強調してくれて、ほどよく大人っぽい雰囲気。

ただし、冬の時期に旅するときは、防寒対策が最優先。パンツが主になる。ゴワゴワとした厚手のセーターよりも、ヒートテックや裏起毛の薄手のものを2～3枚重ね着するほうが暖かくて動きやすく、室内での脱ぎ着もラク。また、海外旅行の危険地域では、スカート類や目立つ服装は防犯上、避けたい。大きい帽子や日傘など、「いかにも旅行者」という格好も狙われる確率大。とくにひとり旅は、いざとなったら走って逃げられる服装を。

大人のひとり旅は、服装も無理をしない、かつおしゃれであることが大事。綿やウール素材やジャージー素材など、皺になりにくい、または皺加工されている素材で、着ていてラクな服を選びたい。スーツケースに入れるときは小さく畳んだり、まるめたりするのではなく、広げてミルフィーユ式で重ねるほうが皺になりにくく、かさばらない。

長期の旅行でも、ワンピース2～3枚を中心に服を決めていくと、コーディネートがラクで、荷物も少なくなる。自然のなかを歩き回るときは、スポーティーな上下をワンセット用意したい。

大人のひとり旅は、服装で頭を悩ませてはいけない。必要になったら、現地調達したっていいのだ。スマートかつおしゃれであるために、ぜひ「ワンピース＋スニーカー」を試してほしい。

旅の情報をシェアできる友人は宝

互いに「ひとり旅が好き」ということで、よく情報交換をしている友人が何人かいる。

70代のある友人は、私が「奄美大島に行く」と言うと、「サガリバナが見られるといいね」「琉球藍の染め物を復活させた人たちがいるよ」と、私の知らない情報を教えてくれた。

また、Facebookの「ひとり旅を楽しむ」というグループで役立つ情報が仕入れられること、旅先でガイドボランティアを頼むと充実した旅ができることを教えてくれたのも彼女だ。旅のアンテナを常に張っているので、たくさんの情報を持っている。旅の道中もレポートをSNSで発信していて、「私もそこに行きたい！」と、メモすることがしばしばある。

横浜で暮らしたときに、家を貸してくれたのも、旅好きの80代の女性だった。

その大家さんは生まれつき足が不自由だったが、杖をついてアマゾンでもアフリカでも出かけた。年齢も育ちも違う私たちは、「ひとり旅が好き」というだけで意気投合し、互いの旅の話を何時間でも語り合った。

ひとりであっても自分の目的を達成し

よう、ひとりの時間を楽しもうとする人は、心が自立していて、付き合いもさっぱり。深い部分でつながれるような気がするのだ。

とはいっても、ひとり旅は話す人がいないので、人恋しくなることもある。空港や旅先からSNSで発信する人が多いのもうなずける。単に自慢したいわけではない。感動や喜びや気づきをシェアしたくなるのだ。

私は旅の途中でよく、母や友人、お世話になった方々に絵葉書を送った。スマホの普及でどこからでも簡単にデジタルでつながることができる時代だからこそ、わざわざ旅先から葉書を送るというアナログな行為は特別。数行の簡単な言葉でも、旅の喜びとともに、相手を大切に思う気持ちが伝わるのではないかと思うのだ。

また、旅から帰ると、友人数人とお茶や食事をしながら報告会をすることがある。とくに面白い体験をした旅は、だれかに話をしたくなる。旅のエピソードや、感じたことを話すことで、自分の記憶も残っていく。

ただし、話す相手は旅に興味があって喜んでくれる相手であることが大事。興味がない人に話しても互いにつまらない。自慢っぽくなるのでは？　と気も遣うことになる。

不思議と、ひとり旅をしていると、日常生活のなかでも「あら、私もひとり旅が好き」という人を引き寄せる。ひとり旅はひとりのようで、人とつながるきっかけ、深い関係を築くきっかけになるのだ。

point 12

「旅のお土産は自分のものだけ」という新しい常識

かつては旅行をするたび、家族や友人、会社の人までお菓子や雑貨類などのたくさんのお土産を買って、配っていたものだ。

帰る間際になって「お土産を買ってない！」と駅や空港で大急ぎで買ったものは大抵、パッとしない品だったりする。しかも、自分の持ち物より、お土産のほうが重くなることもある。

いまは、数日の旅ならひとりでひっそりと行って、ひっそりと帰って来ることが多いので、旅のお土産は基本、買わなくてもいいことにしている。

逆に自分も、趣味に合わない雑貨類をもらっても「気持ちはうれしいけど……」となるし、お土産がないと言って関係がギクシャクすることもない。「楽しかったよ」と元気で帰って来て、土産話のひとつでもしてくれるだけでじゅうぶんだ。

とくにお菓子や加工食品は賞味期限があるので、数日内に会わない相手なら、買う必要はない。留守中お世話になったり、長期の旅だったりして「あの人にはなにかあげたい」と思うときは、気持ちばかりのお土産を。

置物や雑貨など始末に困るものではなく、自分が食べて美味しいと思ったお菓子や、食品など消耗品がいい。

「お土産はナシ」と決めてから、ひとり旅がさらに身軽になった。土産物屋をウロウロする時間も省けるし、荷物もかさばらない。

なんのための〝ひとり旅〟かというと、自分のために時間とお金を使うためのものなのだ。


せっかく買うなら、自分自身へのお土産を。数日以内に食べられる地方の銘菓を1~2個でもいいし、現地で着るために買ったリゾートウエア、使い勝手が良さそうな小皿、キッチン用品、インテリア雑貨でもいい。

自分の趣味は自分でわかっているので、普段の生活でも使えそうな、ほんとうに欲しいものを買う。

日本の陶芸が盛んな場所では、特徴的な小皿を買うことが多い。アルゼンチンを訪ねるたびに買っていたマテ茶の茶器は、普段使いしていたが、いまはインテリア雑貨として6つ並んでいる。

海外では自分へのプレゼントとしてたびたびストールを買う。旅の間も使えるし、くしゃっとまるめて荷物のクッション代わりになる。

気がつけば、さまざまな国のストールが増えた。異国情緒のあるスカーフはあまり見かけない色柄が多く、よく「それ、どこで買ったの？　素敵ね」なんて褒められる。

そんなふうに自分へのお土産を普段使いするたびに、ふと旅のことを思い出すのだ。

スウェーデン
デンマーク

幸せの国で、まったり〝ヒュッゲ〟

米・丁・瑞典・英在住の女友だちと集合!

デンマークに行くことになったのは、ひょんな〝はずみ〟からだった。

私は二十数年前、ギリシャで暮らしていたころから、アメリカ在住のヤヨイさんが主催するインターネットのグループ「海外在住メディア広場」に参加していた。世界各地の日本人ライターやコーディネーター数十人の集まりで、ほとんどはメールやSNSでのつながりだが、たまにZOOMで話したり、世界のどこかで会ったりする。私はスペインやアルゼンチンなど取材でお世話になったこともあり、いまも心強い存在となっている。

そのメンバーである「デンマーク文化研究家」針貝有佳さんと1月に大阪で会ったことが、この旅のファーストステップ。そのことを、ヤヨイさんに電話の世間話で軽くしゃべったら、2人で「デンマーク、行ってみたいね。行っちゃおうか」と盛り上がったのだ。

デンマークには、コペンハーゲン近郊に住む有佳さんのほかに、南部のロラン島[*1]にはコペンハーゲン長い付き合いのジャーナリスト、ニールセン北村朋子さんもいる。有佳さんに話すと、

「私もロラン島に行ったことがないので一緒に行きたいです」と乗る。
スウェーデンのストックホルムには智恵子さん、中央部の町、エステルスンド[*2]にはティナさんもいる。ティナさんの「家のゲストハウスに泊まっていいよ」という言葉に甘えて、数日間滞在させてもらうことになる。終盤のコペンハーゲンではイギリス在住のナオさんも合流することとなった。

みんな「海外在住メディア広場」のメンバーでオフ会のような感じである。

どんどん〝はずみ〟が生まれていくエキサイティングな展開。「みんなで会いたいね」「そこ行きたいね」とまるで美味しいランチを食べに行く女子会のように、世界各地から集まるフットワークの軽さよ。

これも、みんなに余裕ができたからかもしれない。有佳さんだけはまだ若くて子育て真っ最中だが、ほかは大体、アラ還の同世代。海外で仕事や子育てに奮闘してきて、いまやっと精神的、時間的、経済的な余裕が持てるようになった。それぞれの激動の歴史を知っているので、「よくがんばってきたよね」と戦友のような気持ちになる。

今回は2人、3人、4人と合流する賑やかな旅になりそうだが、基本、単独行動できる人たちの集まりなので、ひとりの時間も持ちながら、ゆるくつながり、ゆるく旅を進めていくのだろう。

デンマークには、ずっと行きたいと思っていた。ここ何年かは「世界幸福度ランキング」の1~3位で、2022、23年と連続で「国際競争力ランキング」の1位にも選ばれている。

デンマークの人びとは、どんなことを「幸せ」とするのか。多くの国民が幸福感を持ちつつ、国全体が発展しているのはどんな理由があるのか。

そんな疑問を、現地に行って肌感覚で理解したかった。

スウェーデンにも興味があった。ノーベル賞の授賞式の報道でたびたび出てくる中世の面影が残る街並みや、IKEA、H&Mなどおしゃれな北欧デザインのイメージもある。また、コロナ禍では初期段階からロックダウンをせず、マスクの規制もせず、人々が普段どおりに過ごしている姿は、「国によってこんなにも違うものか」と驚かされたものだ。国民の自由を徹底的に尊重しているイメージの国だ。

「7月の終わりから8月上旬に行く」と決めたら、単純なもので、仕事の締め切りもぜったいに守ろうとがんばれた。体力も付けなければと、ジム通いもした。旅のことをふと考えるたびにワクワクするし、行く場所のニュースやグッズがやたらと目に留まって少しずつ興味も増していく。今回は幾人も魅力的な人に会えるので、ますます楽しみ。

旅は、行く前から私を走らせてくれる強力なガソリンなのだ。

＊1　ロラン島　デンマーク南部に位置する島。個人所有の風力発電で「エネルギー自給率500％の島」としても知られる。

＊2　エステルスンド　地理的にスウェーデンの中心に位置する都市。クロスカントリースキーのスタジアムが市内にあり、アウトドアスポーツが盛ん。

人に頼る喜びと、ひとりで乗り越える喜びと

普段、私は執筆の締め切りに追われる生活をしているので、比較的時間に余裕があるヤヨイさんが「あなたは仕事で忙しいんだから、私が旅の計画を立てておくね」と、ホテルの予約や飛行機、列車のチケットの手配までしてくれた。

まるで専属のトラベル・コーディネーターのよう。アメリカのミシガン州在住のヤヨイさんとは長い付き合いで、台湾、スペイン、東京、名古屋などあちこちで会い、鹿児島の自宅に何度か遊びに来たこともある。互いに観光地を忙しく回るのではなく、ゆっくり気ままに過ごす旅が好きで、経済的感覚も似ているので、私は「全部任せる。文句は言わない」とすっかり頼りにする。

私はチケットなどを調べて手配するのは嫌いではないが、今回ばかりは時間の余裕がない。信頼できる人にお任せできるのは、なんと楽ちんで幸せなことだろう。

ヤヨイさんは交際期間を入れると40年以上連れ添った夫が3年前に亡くなり、1年ほど悲しみ抜いたあと、「人生なにが起こるかわからない。アラ還の女に悲しんでいる暇はないのよ」と積極的に人生を楽しみ始めた。

ひとりでも出かけるようになったり、息子夫婦とヨーロッパ旅行をしたり。4人の子どもたちが公認する恋人もできて、しばしばカリブ海リゾートを楽しんでいる。

収入は夫の残した年金と貯金だけというが、彼女はほとんど外食もしない、服も買わない、夫が建築途中で残した家に息子夫婦と同居……と、お金を使わない生活を送っているので、年に数回、海外旅行を楽しめてしまうのだ。さすが家計のやりくりをして、教育費、医療費など物価の高いアメリカで4人の子どもを立派に育て上げただけのことはある。

さて、ヤヨイさんが立ててくれた「北欧の旅」の計画はこうだ。

- ヤヨイさんとコペンハーゲン空港で合流
- 列車でコペンハーゲン（デンマーク）からストックホルム（スウェーデン）に移動（ホテル泊・智恵子さんに会う）
- 列車でストックホルムからエステルスンドに移動（ティナさんの家泊）
- 飛行機でエステルスンドからコペンハーゲン（有佳さんと合流）、列車に乗り換えロラン島に移動（ホテル泊・朋子さんに会う）
- 列車でロラン島から再びコペンハーゲンに（ホテル泊・ナオさんと合流）
- コペンハーゲン空港からそれぞれ帰途につく

スウェーデン（ストックホルム、エステルスンド）と、デンマーク（コペンハーゲン、ロラン島）の首都と地方を12日でスムーズに回れるようになっている。こんなときは人と一緒にいることで、できることがぐんと広がることを実感する。

私は午後の飛行機で鹿児島から大阪の伊丹空港、リムジンバスで関西空港に移動、21時50分のルフトハンザ便に乗り込む。ミュンヘン乗り換えコペンハーゲン行きの長い空の旅だ。ヨーロッパを旅するのは8年ぶり、しかも行ったことがない国で友人と会えることに心が躍る。

飛行機は関西空港を1時間近く遅れて出発。映画のラインナップに『リリーのすべて』を見つけて、興味深く観入る。100年近く前、世界で初めて性別適合手術を受けたデンマーク人、リリー・エルベの実話を描いた映画だ。「女性として生きたい」と願う夫と、献身的に支える妻、双方の苦悩と、それを象徴するような北欧の曇り空が印象的。画家夫婦も、衣装も、建築も家具もうつくしくて、すべてのシーンが絵画のようだった。

久しぶりの長距離便で興奮していたのか2時間ほどしか眠れず。

ミュンヘン空港でコペンハーゲン行きに乗り換えるときは、セキュリティー・チェックに列ができて時間がかかり、間に合わないのでは？　と焦った。係員に「搭乗口はどこ?」と必死の形相で聞き、全速力で走った。全身の細胞をしゃきっと働かせて、心をヒリヒリさせながら動く感覚も久しぶり。

こんなふうに、ひとりでドキドキ、ヒリヒリしながら、難関を乗り越えて行く感覚も好きなのだと、客観的に思う自分もいる。……なんて危機を楽しんでいたときは、まだ心の余裕があったのかもしれない。

このあと、その余裕を吹き飛ばす事件が起こるとは、夢にも思っていなかった。

ロストバゲージ事件勃発

コペンハーゲン空港は、やや混雑していた。そのあたりにあるベンチやチェアがどれもおしゃれで、ショップ街のフロアは木目調。さすがインテリアの国だと気分が上がる。

ヤヨイさんは30分ほど遅い到着で「バゲージクレーム（荷物受取所）の前で会おうね」ということになっていた。

私は預けたスーツケースがターンテーブルで出て来るのをゆっくり待つ。

ん？　出てこない？　ほんと？　なんで？　これってロストバゲージってこと？

……何回見ても、隅々まで探しても見つからない。ガックリと肩を落とし、片隅にある荷物に囲まれた異様な雰囲気の手荷物サービスカウンターの列に並ぶ。

ちょうど列の前に関西空港から同じ便で来たという男女がいて、「とんだ災難ですね。関空かミュンヘンで積み忘れたのかなぁ。ヨーロッパではロストバゲージが多発しているって聞いてたけど、ここでそんな目に遭うとは……」なんて言っていた。私もロストバゲージは生まれて初めての経験。予想だにしなかった。

手荷物サービスカウンターまでの列は長くて、なかなか進まない。ストックホルム行きの列車を予約してもらっているのに間に合いそうもない。私はヒリヒリどころか、だんだんイライラしてきて、ふーっと深呼吸する。いったん落ち着こう。

長蛇の列に並んでいる状態で、「あら〜、どうしたの？」とヤヨイさんがやって来た。私は「会えて良かった〜」とハグして涙が出そうになる。再会のうれし涙なのか、地獄で仏に会ったような安堵の涙かわからないけれど。


やっと順番が来て、手荷物紛失報告書（ＰＩＲ）に荷物の特徴、今晩泊まるホテルの住所、メールアドレスなどを書き込む。英語が堪能なヤヨイさんが「次のミュンヘンからの便に荷物が乗っている可能性はある？」「ストックホルムのホテルに届けてもらえるの？」「そこから移動するときはどうすればいいの？」と矢継ぎ早に質問するも、スタッフの女性はひたすら「I don't know.」。私たちにとっては一大事だけれど、彼女にとっては、たくさんのクレームのひとつ。クールに対応するだけだ。

日本人のように「申し訳ございません。お困りになりますよね」といった謝罪や労いがないのは、ここでは当たり前。ただ、ＰＩＲの参照番号をネット検索することで、全世界の手荷物位置情報システムで追跡ができると教えてくれた。

ないものはしようがないので、私たちはさっさと現実を受け入れて作戦を練る。

「列車の予約を変更して、ミュンヘンからのつぎの飛行機を待ってみよう。それにスーツケースが乗っていなかったら、そのままストックホルムに向かおう。運が良ければ、今日明日中にホテルに届くかもしれない。ダメならそのとき考えよう」と。パスポートとクレジットカードがあればなんとかなる。必要なものは買えばいい。

ヤヨイさんが「大丈夫！　私の小さなパンツ貸してあげるから」と言い、「えー。Tバックでしょ。私にはムリかも」なんて笑って返しながら、猛然とお腹が空いてきたので空港内のバーガーキングに入る。

チーズバーガーセットが約1600円という為替レートに打ちのめされつつも、私はカードの海外旅行保険窓口に電話。「それはお困りですね。必要なものは保険適用になりますので、お買い求めください」と日本人の労いの言葉と丁寧な説明に感動して、また涙が出そう。

歯ブラシやスキンケア用品、下着などの日用品は3日以内に3万円分、それ以降は6万円分の買い物ができると聞いて一安心。ならば、本場H&Mでショッピングを楽しんでやろう。トラブルごときでへこんではいられないのだ。

結局、つぎのミュンヘンからの便でもスーツケースは出てこなくて、バッグひとつでストックホルムに向かう。が、その列車のなかでも事件が起きる。

ボックス席で私の前に座っていた中国人姉妹のスーツケース2つが、連結場所の荷物置き場から忽然と消えていたのだ。盗難に遭ったらしく、姉妹は「高いお土産が入っていたのよ！」とパニック。近くにいたオーストラリア人の若者が一緒になって探し回ってくれ、車掌の女性が「残念でしたね」と慰め、私も「ロストバゲージに遭ったけど、お互いパスポートと財布があるのは救いね」と励ます。

「不幸は、人を団結させる」とは、そのときにヤヨイさんがつぶやいた名言。

人のあたたかさを実感するのは、困難が降りかかって来たときだったりする。

そして、おそらく荷物は出て来ない姉妹を見て、たいへん卑しい考えではあるが「私はまだいい。盗まれたわけじゃないから」と、妙に落ち着いてきたのも事実だ。

本場H&Mで本気のショッピング

デンマークとスウェーデンはエーレスンド海峡をはさんで隣国同士。デンマーク側から海峡を渡るには、まず約4キロの海底トンネルを通って人工島に渡り、地上に架かる16キロのオースレン橋を渡るという流れ。これらを構成するオースレン・リンクが2000年に完成して、格段に両国の行き来が便利になった。

列車内で盗難騒ぎがあったものの、外はひたすらのどかな田園風景で、コペンハーゲン空港から目的地のストックホルム駅まで約5時間で到着。

夕方というのにまだ太陽は高い。緯度の高いスウェーデンの夏の日の入りは夜9時から10時なのだ。

ストックホルムは、世界で最も美しい首都と称される。17〜18世紀の建物が連なり、どこを切り取ってもフォトジェニック。予約していたホテルまで石畳や段差の多い歩道を歩きながら、私は「バッグひとつだから、移動は楽よね。ヤヨイさん、荷物持とうか?」なんてお気楽な言葉が出てくる。

私が持っているのは大きめの革のバッグに、パスポートと財布、スマホと充電器。ペンとメモ帳。ハンカチ。リップクリーム。ストール。コンパクトカメラとノートパソコンは持っているが、充電器がないので、すぐに役に立たなくなるはずだ。持病の薬は3日分しか持っていない。友人たちへのお土産もないから、スーツケースがなるべく早く手元に届くことを祈るのみ。

2泊する予定のホテルは駅から徒歩10分ほど。ファッションストリートのすぐ近くで交通の便が良く、おしゃれでこぎれい。ヨーロッパのホテルはほぼルームチャージだから、ひとりでも2人でも料金は変わらない。同室なら半額で済み、こんなときは気心の知れたツレがいて良かったと思う。

私たちはチェックインするときにフロントで、ロストバゲージに遭ったことを伝え「今日か明日、グリーンのスーツケースが届くかもしれないからよろしく」と念を押す。

長距離移動とトラブルでクタクタなので、近くのセブン-イレブンで買ったシナモンロール「カネルブッレ」を夕食代わりに。スウェーデンはシナモンロール発祥の地だけあって、さすがに美味しい。ねじねじと二つ編みをしたような見た目で、パンに塗られたシナモンの香りと、トッピングされたパールシュガーのカリカリ感が特徴。ドーナツのように甘くないのがいい。

この日はホテルで歯ブラシだけ買って、ヤヨイさんの「コスメやメイク道具は貸してあげる」という言葉に甘える。疲れてもうこれ以上体は動かないという状態でも、おしゃべりの口は動く。私たちはベッドに寝転んで遅くまで語り合う。テーマは普段の生活や家族のことから、日本や世界の情勢まで尽きることはない。もちろん、ヤヨイさんの恋バナも。まるで大人の修学旅行のよう。

翌朝は、ホテルのモーニングを食べてすぐに、ヤヨイさんとショッピングに出かける。なにせ着替えが1枚もないのだ。「やっぱ、スウェーデン発祥のH&Mよね」と言いつつ歩くと、数分でH&Mを発見。当面をしのげるようにシャツとジーンズ、セット売りのパンツと靴下などを購入。店内にはメイク用品売り場もあり、洗顔からファンデーション、アイライナーまでひととおり揃える。

買う気満々のショッピングとは、なんと楽しいことか。「ちょっと派手でもいいよね？」「冒険しよっか」などと浮かれてしまう。普段は選ばないようなゼブラ柄のブラウスなんて買ってしまった。

H&Mで揃わないものは、Googleマップで見つけたユニクロへ。海外の主要な都市にユニクロがあるのは、品揃えが想像できて、なにかと頼りになるものだ。

思ったより気温が低くて肌寒いので、ヒートテックのインナー、スパッツなどを調達。30年前に働いていた会社に、時を経てストックホルムでお世話になるとは、なかなか感慨深い。

それにしても、ユニクロ店内は大混雑。とくに軽いダウンジャケットやダウンベスト、さまざまな色が揃うフリースは大人気だ。ユニクロ初体験というヤヨイさんも、さらに北上する旅に備えて、ヒートテックを購入。

ついでにＩＫＥＡものぞいてみる。北欧の家具や雑貨はおしゃれで、見ているだけでワクワクする。

交通が便利になって国境を楽々と越えられ、グローバル企業では同じものが揃う。30年前と比べて、地球はものすごく狭くなったと実感する街ぶらである。

『魔女の宅急便』の街で考えた持続可能な社会

その日はホテルから徒歩30分、旧市街ガラムスタンのカフェで、ストックホルム在住の智恵子さんとランチをすることになっていた。

「ガラムスタン」は人気観光スポットのひとつで、曲がりくねった石畳の路地が続き、まるで中世に迷い込んだようなノスタルジックな街並み。高く尖ったいくつもの教会があり、アニメ映画『魔女の宅急便』の舞台ともいわれている。

智恵子さんが指定したカフェは、街の中心部でとても賑わっていた。先に到着していた智恵子さんが「ここ、ここ!」と笑顔で手を振る。まずは「初めまして!」と挨拶。じつはヤヨイさんと智恵子さんも8年ほどメール交換のみで、実際に会ったのは初めて。せっかくストックホルムに寄るのでと連絡してみたところ、「ぜひ会いましょう」ということになったのだ。

まずは腹ごしらえと、智恵子さんおすすめのワンプレートランチを頼む。

私はスウェーデン名物のミートボールと、マッシュポテト。クリームソースがかかっていて、トッピングされたラズベリージャムが絶妙に合う。

ヤヨイさんはエビが大量にのったサラダ、智恵子さんは濃厚チーズがのったサラダで、それぞれ味見させてもらって、「どれも美味しい〜!」と顔がほころび、一気に場が和む。単純なことだが、「美味しいね」と言い合えることは幸せだ。

私たちよりもいくらか年下の智恵子さんはスウェーデン人の男性と結婚して、ストックホルムで息子2人を育てた。ストックホルムの公認観光ガイドの資格を持って、日本からの観光客や業務視察のガイド、メディア関係のコーディネートなど、スウェーデンと日本をつなぐ仕事をしてきた。

3年ほど前からは、ストックホルム市環境局で住宅環境の健康保護監視委員としても働いている。換気や湿気、室温、騒音、害虫などで健康被害のある場合、住宅協会などに対策を要求する仕事なのだとか。「もともとスウェーデンの建築や住宅が好きで興味があったから、家を訪ねて調査するのは面白い」とやり甲斐を感じているよう。

「いまはサマーハウスでバケーションを過ごしている最中で、独立した息子たちもそれぞれ彼女を連れて帰って来ているの」と控えめに話す智恵子さん。ストックホルム郊外から、わざわざ来てくれたようだ。

スウェーデン人の多くは、自然豊かな森のなかにサマーハウスを持って、貴重な夏の時間をゆったりと楽しんでいるのだとか。

3人は波長が合って、おしゃべりに没頭。私たちは智恵子さんの人生や暮らしにも興味があるし、スウェーデンのことも知りたいので、つい質問攻めにしてしまう。

スウェーデンでは、コロナもインフルエンザと同様と考えて、店も普通に開けて、出勤も個人の判断に任せていたという話に驚く。

話を聞いていて、スウェーデンは「個人を尊重すること」に重きを置いている国だと実感する。強い拘束力や圧力でしばらない。個人が常識的な判断をすることで、摩擦や混乱がなく「持続可能」になる。それぞれ価値観や判断が違うのは当たり前とする成熟した社会なのだ。

男女も家事や育児などの役割がなく、互いにするのが当たり前。片方だけにさせるのは、その個人を尊重していないと考えられるからだ。

智恵子さんとの別れ際、「今日は来てくれてありがとう。バケーション中に単独行動して、家族からなにか言われない？」と心配して聞いたら、「まさか〜。私も会いたかったから」とケラケラ笑ったのが印象的。家族のなかでも個人の意思が尊重されるから「持続可能」になるのかもしれない。

日本人男性と長く連れ添ったヤヨイさんは、「いわゆる〝昭和の夫〟では考えられない。妻自身もひとりで外出することに罪悪感があったからね。私もあのころはそんなもんだと思っていたから」とつぶやく。

私とヤヨイさんは、ガラムスタンの街を散策する。小さなギャラリーやブティックが所狭しと並んでいる通りをぶらぶらとさまようのは楽しい。角を曲がるたびにノーベル博物館、ストックホルム大聖堂など迫力のある建築物やカラフルな街並みが出てきて、いろいろな顔を見せてくれる街だ。幸運にも、スウェーデン王宮[*3]の中庭で開催される衛兵交代式も見ることができた。

途中でスマホにルフトハンザからメッセージが来ていることに気づく。

「やったー！　ストックホルム空港にスーツケースが届いたみたい」

「きっとホテルに着いているよ。良かったね〜」と喜び勇んでホテルに帰る。

だが、フロントマンは私の顔を見るなり、「スーツケースはまだ来ていません」と悲しそうに告げる。このホテルで同じ会話を何度繰り返したのか。

翌日の朝もスーツケースは到着せず、タイムアップ。でも、どこにあるか判明して良かった。あとのことはあとで考えよう。

＊3　スウェーデン王宮　いまも君主制を保持しているスウェーデン。現国王カール16世グスタフ国王の執務室が置かれるこの王宮には、606の部屋があり、王室御用達の部屋の見学も可能。

友人夫婦がＤＩＹした家に泊まる

3日目の朝8時、ストックホルム駅から貨物車のようなごつい列車に乗り込む。「森と湖の国」といわれるゆたかな自然をぼんやりと眺めながら5時間ほど北上すると、午後1時過ぎにエステルスンドという小さな駅に着く。

ここには「海外在住メディア広場」の一員、ティナさんが暮らしているのだ。ヤヨイさんは約17年間ウェブマガジンの編集をしていて、ティナさんは一緒に編集をやっていた仲間。「会ったことがないのに、付き合いがあまりにも長いから、気分は懐かしい友にやっと会えるという感じ」なんてうれしそう。

私は直接のやり取りはなかったが、ティナさんの記事はよく読んでいた。10年以上前、スウェーデンの古民家をＤＩＹでリノベーションする日々をつづった連載は、「こんなに大掛かりなリノベーションを、自分たちでできるんだ」と刺激を受けたものだ。あの森のなかの家を訪ねる日が来るなんて、人生って面白い。

列車から降りたところに、ティナさんが立っていて、笑顔で「こんなに遠くまでよく来ましたねー」「はい。来ちゃいましたー」なんてハグ。駅の駐車場では、夫のウーラさんもニコニコと迎えてくれる。2人は日本人の妻と、スウェーデン人の夫のカップルでウーラさんの故郷ユステルスンドに20年以上、2人で住んでいる。

私たちは早速、ウーラさんの運転する車に乗り込み、地元のスーパーに直行。ヤヨイさんが「滞在中の食料は私たちが買って、なんなら料理もするから、まずはスーパーに寄ってね。なんにも気遣いはしないでね」とお願いしていたのだ。

エステルスンドのスーパーICA（イカ）[*4]は巨大だ。駐車場の小屋のようなところに、ショッピングカートが置いてあり、それを持って店内に入る。入り口に置いてあるバーコードリーダーで、商品のバーコードを読み取りながらカートに入れ、最後にセルフレジで精算するという、すべてがセルフサービスの流れだ。

食料品の価格をスマホで円換算してみると、全体的に日本よりも数割高いイメージ。これは超福祉国家で消費税25％だからというわけではない。食料品はほぼ税率12％なので日本とはさほど変わらず、為替レートの影響が大きいのだ。

それでもぜいたく品の消費税25％というのはやはり大きいと感じるが、財政の透明度が高く、高い税金を納めた分、国民にしっかり還元してくれるという実感もあるため、国民の多くは納得し、安心して暮らしているという。

ティナさんが「今夜は、スウェーデンスタイルのトースト・スカーゲンにしましょう。

薄切りトーストにクリームで和えたエビとキャビアをのせたものよ」と提案して、材料を調達。ほかにも、キノコ、パプリカ、白カビチーズ、ブルーベリーなど適当にみつくろって、買い物は終了。

車のなかから、湖のほとりに点々と建つ赤レンガの家を眺めて「子どものころに読んだ童話の世界みたい」と思っているうちに、ティナさんたちの家に到着した。

そして、家を見るなり、「なんてかわいらしいお家なの！」と大興奮。真っ白い壁に屋根や窓枠はティファニーブルーで統一されている。

すぐにルームツアーをさせてもらうと、1890年に建てられた家とは思えないほど、現代的にリノベーションされている。もともとウーラさんのおばあちゃんが暮らしていた家で、昔の家の写真を見せてもらうと、全体の形しか面影がない。2人のセンスの良さが詰まった家で、どこを切り取ってもインテリア雑誌のよう。

同じ敷地内には赤レンガのゲストハウスがあり、1階はキッチンとリビング。私たちは2階のベッドルームをそれぞれ1部屋ずつ借りられることになった。

日がまだ高いが、デッキのテーブルで晩餐が始まる。目の前にはゆるやかな川が流れていて、時間もゆったりと流れているよう。トースト・スカーゲンのエビはプリプリでさすが名産地の美味しさ。ウーラさんが庭の果実にミルクを混ぜてデザートを作ってくれる。彼もまた料理から片付け、掃除、ＤＩＹまでなんでもできる男性だ。

２人の仕事はウインタースポーツの公式審判。フランスで開かれたワールドカップの審判をそれぞれしていて、スイスのジュネーブ空港までウーラさんが迎えに来てくれたのが最初の対面とか。冬季オリンピックをはじめ、冬は世界各国で行われる大会の審判として飛び回り、夏は家でゆっくり過ごすという暮らしを続けている。

聞きたい話があり過ぎて、この日も深夜までおしゃべり。季節は白夜に近く一晩中うっすら明るい。反対に冬は真っ暗な日が続いて外に出られないというから、家での暮らしを心地よくするために、インテリアやＤＩＹが発展したのも理解できる。

２人の平和で幸せな日常をシェアさせてもらっているような時間である。

＊4　ＩＣＡ（イカ）　スウェーデン最大のスーパーマーケット。ローコストのオリジナルブランドやオーガニックな商品を各種取り揃える。

『長くつ下のピッピ』との出会い

スーツケースがないまま、旅は続いていた。PIRの参照番号をネット検索すると、まだストックホルム空港にあるらしい。

ロストバゲージに遭ったことをティナさん、ウーラさんに話すと、「私たちも何度も経験があるから、気持ちはわかるわ」と親身になってくれる。

2人は日常的に飛行機に乗っているミリオンマイラーなので、つねにロストバゲージは起こることを前提で、できるだけ荷物を預けないようにしているとか。

7月末のスウェーデンは意外に寒くて、服を買い足さなきゃと思っていたら、ティナさんが「防寒着なら売るほどあるから大丈夫！」と倉庫へ案内してくれる。

そこには、2人が冬季オリンピックなど多くの大会の審判やスタッフとして支給されたロゴ入りのウエアが店舗のように並んでいる。すごい量。未使用のタグ付きのものもある。そのなかから、ネットで売ればプレミアが付きそうなバンクーバーオリンピックのジャケットをありがたくいただく。一生の宝物にしよう。

ウーラさんは「アビエーター（Aviator）に知り合いがいるから、連絡してみるよ。

オーレ・エステルスンド空港に送ってもらおう」とあちこちに電話をかけてくれる。業界に詳しいウーラさんのスウェーデン語でのやり取りは、とてもたのもしい。

「アビエーター」とは、欧州を中心に25カ所もの空港業務を請け負う会社。メールのやり取りをする窓口はルフトハンザだが、実際に荷物を動かしたり、管理したりする作業はすべてアビエーターが行っているのだ。

しかし、経験豊富なウーラさんであっても、朝から夕方近くまで電話がつながらなかったり、つながってもたらい回しにされたりして「こんなにひどいケースは初めて」と呆れるほど。ストックホルムの智恵子さんも心配して空港や旅行業者に電話してくれているが、埒《らち》が明かない。多くの人たちを巻き込んで「スーツケース追跡大作戦」の様相になってきた。みんなやさしい。ありがたい。

そして夕方、ウーラさんが根気よく電話をかけ続けてくれたおかげで、ルフトハンザから「明日、午後の便でエステルスンド空港に荷物を送ります」というメールが届いた。

「やったー！」と4人で大喜び。ウーラさんもエステルスンド空港のアビエーターのスタッフに確認してくれて、どうやら間違いなさそう。スーツケースを受け取ることができたら、ティナさんたちにお土産も渡せるし、パソコンもカメラも使えるようになる。

「やっとスーツケースに会える！」と喜びまくっていると、ヤヨイさんは「いやいや、喜ぶのは早い。98％大丈夫と思うけど、実際に手にするまでは信じちゃいけません」と釘を刺す。たしかに。日本だと「もう大丈夫」となるところを、海外生活を長く送ってきた彼女は、いい意味で疑り深い体質になっているのだ。

翌日、車で40分のエステルスンド空港に行く前に、途中にある駅前商店街をぶらぶらする。天気も良く、国際的な音楽イベントがあるというので人出が多い。

インテリア雑貨やキッチン用品のお店をあちこちのぞいていると、そのなかに大好きな『長くつ下のピッピ』[*5]の雑貨を発見。そう、力持ちで、なんでもできて、サルと一緒に暮らしている不思議な女の子ピッピ。子どものころ、彼女は私に「女の子は、かわいいお姫様でなくてもいい」と生きる道を教えてくれた。

作者のリンドグレーンはスウェーデン人で、憧れの童話はここが舞台だったのだ。なるほど、ピッピのお父さんが海賊という設定は、スウェーデンっぽいかも。

私は「強い人はやさしい」とスウェーデン語で書かれた赤いマグカップを購入。じつはヤヨイさんも好きだったらしく、ピッピ模様のコック帽を買う。

私たちは空港に到着し、ターンテーブルの前にずらりと4人並んで、スーツケースの登場を今か今かと待つ。目をギラギラにして緑色のスーツケースを探す。

しかし、最後の最後まで見て「え？　これでおしまい？」と一瞬、血の気が引く。どれだけ探しても見当たらない。ウーラさんが「データ上ではこの飛行機に乗せることになっているんだ」と顔見知りのスタッフに掛け合うが、「さあ」と首をかしげるばかり。ヤヨイさんは「ありえない2%のほうになったか。まあ、しようがないね」とつぶやく。一体どこにいるんだ？　私のスーツケースよ。

スーツケース追跡劇は続きそうだが、私たちの切り替えは早い。ともかくエステルスンドの短い夏、長い日照時間を堪能しましょうと、その日も自然のなかでまったり。なにもしないことが最高のぜいたくと感じつつ。

【後日談】 この3カ月後、ティナさん、ヤヨイさんの帰国に合わせて神奈川県の江の島で再会。どこで会っても、ティナさんは自然体でほっこりやさしかった。昨日会っていたように会い、明日また会うように「またね」と自然に別れるのも私たちらしい。

＊5　『長くつ下のピッピ』　世界中の子どもたちに長く読み継がれている児童文学。「あしながおじさん」にヒントを得て、著者のリンドグレーンが自分の娘から「長くつ下のピッピっていう女の子のお話を作ってほしい」と言われ、生まれた。

「デンマーク流働き方」を知る

この日、私たちは大移動をする。

エステルスンド空港から空路、ストックホルム空港で乗り換えて、コペンハーゲン空港へ。コペンハーゲン空港から陸路、列車で南部のロラン島に行く予定。コペンハーゲン空港で針貝有佳さんと合流して、一緒にロラン島のニールセン北村朋子さんに会いに行くことになっている。4人とも「海外在住メディア広場」のメンバーだ。

スーツケースの追跡大作戦は続いている。見送ってくれたティナさん、ウーラさんが「ストックホルム空港に置かれたままになっている可能性があるから、アビエーターを訪ねて」と心配してくれる。最後までほんとうにありがとう。

私たちは乗り継ぎの待ち時間に、「戻って来られるのかな」と不安になりつつ、ゲートを越えて到着ロビーにあるアビエーターのオフィスに行く。すると、スタッフの女性が「あー。グリーンのスーツケースでしょ」とニヤリ。ウーラさんが電話してくれていたのだ。

それでも「データではエステルスンドに送っているから、ここにはない」の一点張り。いやいや、送ってないから。疑り深いヤヨイさんが「じゃあ、ここにはないことを確認させて」と頼むと、離れたところにある荷物の山を指差して「あれが全部」。

くまなく探すが、ない。女性が「見つかったら送るから、あなたたちの滞在先を書いて」と言うので、私たちは考える。ロラン島の住所を書いたら、また行き違いになるかも。結局、「日本に帰国する日時と便名、スーツケースが見つかったらコペンハーゲン空港に留め置いてほしい」と書いてその場を離れる。

コペンハーゲン行き乗り継ぎ便の時間が迫ってきたので、私たちはセキュリティー・チェックを受け直して出発ロビーに向かう。広い空港内を必死に全力疾走して、ギリギリセーフ。ふう。もうなにをやっているんだか。

コペンハーゲンの空港に6日ぶりに戻ってきた。到着ロビーを出たところで、無事に有佳さんと「ほんとに来たね〜」と再会。そう、1月に大阪で有佳さんと会ったことから、はずみでこの旅が始まったのだ。

ロストバゲージの経緯を有佳さんに話しつつ、列車でコペンハーゲンの中央駅に向かう。ところが、乗っていた列車が遅れていたため、乗り換えるはずの列車が目前で出発。「あーあ。行っちゃった」。これはよくあることで、デンマークの列車は時間厳守ではないらしい。次の列車まで1時間以上はあるからお茶でもしようとしていたら、私のスマホにルフトハンザからスーツケースの続報が届く。

「じつはスーツケースは、ストックホルム空港にあった。2時間後、18時半着のフライトでコペンハーゲンに送る」という知らせ。

「はあ？　なんだそれ～!?　ないって言ったのにー」と腹が立つやら、「見つかって良かった」と安堵するやら、めちゃくちゃな感情。待てよ。列車は逃したし、片道30分で空港に戻れる。ヤヨイさん、有佳さんも「スーツケースを受け取ってから、ロラン島に向かいましょう！」と力強く言ってくれて、再び空港へ舞い戻る。


もうコメディー映画のよう。あっちに行ったり、また戻ったりと、指令を頼りに宝探しをするオリエンテーリングのようでもあり、笑ってしまう。こうして有佳さんも追跡メンバーに加わり、空港でアビエーターのオフィスを探してくれる。

どこかに荷物の受け取り場所があるのかと思ったら、奥のセブン-イレブンの前に、「バゲージサービス用ミーティングポイント」という場所があり、そこの連絡用の電話を使ってアポイントを取ってから、改めて落ち合い、荷物置き場に連れて行ってもらえるという複雑なシステムのようだ。しかも、貼り紙を読むと、荷物の受け渡し時間は1日のうち、10時30分、17時、20時30分の3回のみ。そのアポイントを取るための電話連絡は10時から夕方の16時でおしまいとのこと。

つまり、スーツケースは空港内に届いていて目と鼻の先にあるのに、もう午後4時を過ぎているので、連絡を取ることさえもできないという、ひどい仕打ち。

有佳さんが申し訳なさそうに「デンマークの人たちは、16時には仕事をやめて、さーっと帰っちゃうんです」と言う。は〜、これがデンマーク流働き方か。働く人が幸せで、持続可能であるためには、利用者が多少の不便を受け入れるのはしようがないという共通認識。反対に日本は、利用者のために便利なサービスを際限なく提供しようとするから、ブラックな働き方になるのだ。

もう笑うしかない。さあ、気を取り直して、ロラン島に向かおう。

「世界でトップクラスに幸せな国」の秘密

ロラン島までは2時間ちょっとの列車の旅。到着するのは夜9時過ぎで店は全部閉まっているからと、私たちはサンドウィッチを買って乗り込む。

列車のなかでは、案の定、おしゃべりが止まらない。

合流した有佳さんは40代になったばかりで、デンマーク人の夫と2人の小学生の子どもがいる。日本の大学院でデンマークの労働市場政策を研究し、デンマークの全寮制の大人の学校フォルケホイスコーレに留学して、のちの夫と出会い、デンマーク在住14年。「デンマーク文化研究家」として、テレビや雑誌で活躍。日本の大企業での講演や、デンマーク視察のコーディネーターもやっている。

7カ月前に大阪で会ったときは、デンマーク人映画監督が「孤独」をテーマにしたドキュメンタリー映画を日本で撮るためのコーディネーターとして帰国していた。海外在住のできる女性というのは、ほんとうに多才だ。

有佳さんの話によると、短時間で成果を出すためには、「自分のやるべき仕事」にコミットして、決して無理をしないことが基本なのだとか。心と体が無理をすると、どこかに皺寄せがきてしまう。また、無駄なメールのやり取りや非生産的な会議、形式的な紙の書類なども不要。

「デンマークって報連相（報告・連絡・相談）がないんです。上司は部下に任せたら、口出ししない。部下が失敗しても、それは仕方がないと受け入れる。そのうえで責任を取るのは上司の仕事だからという共通認識です」という有佳さんの言葉に目から鱗。

たしかに日本の会社が「報連相」を重んじているのは、仕事の本来の目的よりも、まわりの人間関係を円滑にするためということが大きいかもしれない。

有佳さんはデンマークに来て「デンマーク人との人付き合いで悩んだことが一度もない」と言う。仕事ではそれぞれが自分の目的にフォーカスしているから、余計な噂話に関心がない。日本のように人との競争や対立で悩むこともあまりないというわけだ。

「デンマークでは『生産性＝好き＋情熱』なんだと思うんです。自分の好きなことや興味のあることをやって、それが人や社会のために役立っているという喜びがあるからやり甲斐になる。お金云々よりも、自分にとって意味のあることをしたいという気持ちが強いんでしょうね」

これも目から鱗。私たちは「生産性」というものを勘違いしていたのかもしれない。より多くのものを生み出すのは、多く働くことや、仕事の効率化よりも、個人の「やりたい」と思う気持ち、つまり、やり甲斐がいちばん大きな要素だ。

夢中になれる仕事はどれだけやっても疲れず、求めてくれる人がいることで磨きがかかり、アイデアが湧き、自然に成長していく。それこそが、高度経済成長期の先にある「生産性」なのだ、と改めて思う。

「デンマークは個人の力を伸ばしてくれる国」という有佳さんの言葉も深い。子どものころから「みんなと同じこと」ではなく、「自分のやりたいこと」に挑戦させる教育が浸透しているのだ。千葉県ほどの人口しかないデンマークが、幸福度トップクラスで、世界一競争力の高い国であることが、だんだん理解できてきた。

ロラン島に着くまでの2時間で、人生を左右する講義を聴いたような気分。ワクワクしながら脳内が活性化しているのを感じる。これが「生産性」？

当初の予定よりも3時間も遅れて、ロラン島のマリボー駅に到着。

ずっと会いたかった朋子さんが迎えに来てくれていた。彼女も「海外在住メディア広場」の初期からのメンバーで、ジャーナリストやコーディネーターなど多才に活躍。ロラン島で20年以上暮らし、デンマーク人との結婚、出産、離婚も経験した。彼女が発信する社会への提言は、いつも的を射ていて納得することばかり。同じ年齢だがかっこいいシルバーヘアで肝の据わった女性だ。

昨年ZOOMでおしゃべりしたとき、「デンマークに来ない？」と言ってもらえたことも、この旅を後押ししてくれた。

この夜は女4人、ホテルのソファーで深夜まで語り合ったことは言うまでもない。お互いの近況からライフスタイル、教育、政治、経済など話は尽きない。

その場所で生きている人とのおしゃべりが、私にとって観光よりも面白いのだ。


【後日談】針貝有佳さんの著書『デンマーク人はなぜ4時に帰っても成果を出せるのか』（PHP研究所）はこの年の11月に出版され、ベストセラーになった。有佳さんがこれまで調査・研究してきたことが、集約されたデビュー作だ。有佳さんは年が明けてすぐに鹿児島の自宅まで遊びに来てくれ、一緒に本の成功を喜び合った。

ロラン島で食文化と教育を考える

ロラン島の初日に泊まったホテルは湖のほとりにあった。夜遅く朋子さんが自宅に戻ったあとも、ヤヨイさん、有佳さんと女3人、ツインの部屋にエキストラベッドを用意してもらって、またもや修学旅行のノリでわいわいしていた。

朝起きると、まずは3人で湖の方を向いて、ＹｏｕＴｕｂｅで音楽を流しながらラジオ体操する。なかなかシュールな光景だ。私が朝のラジオ体操を日課としているので、付き合わせているのだが、2人とも「やっぱ、ラジオ体操って気持ちいいね」「日本人ならだれでも一緒にできるってすごい」と楽しんでくれているよう。

朝食はレストランでバイキング。ご当地のパン、デニッシュとコーヒーがよく合う。上質なバターをたっぷりと練り込んで幾重にも重ねてパイ状に焼いたデニッシュは、ふんわりしているのにサクサクした食感。とくに焼き立ては格別だ。

シナモンロールも、デンマークではデニッシュ生地の渦巻きになったものだ。リンゴのデニッシュ、クリーム・デニッシュなど種類も多く、デニッシュは日常の食事だけでなく、おやつとしても愛されるデンマークのソウルフードなのだ。

朝食が終わったら、マリボー周辺の散策に繰り出す。赤レンガ、赤い瓦屋根の伝統的な家が多く、1軒1軒が個性的でかわいらしい街並み。まるでアンデルセンの絵本『裸の王様』や『マッチ売りの少女』の時代にタイムスリップしたよう。

湖のほとりに建つマリボー大聖堂は、どれだけレンガを積み上げたのだろうと思うほど巨大なゴシック建築。真っ白なマリボー市庁舎は、時計台に玉ねぎ型のドーム屋根がのっていて童話っぽい。それぞれがバラエティーに富む建築様式で、歩いているだけでもウキウキしてくる。


そんな最中、忘れかけていたルフトハンザからロストバゲージの一報が入る。

はあ？　私のスーツケースはなぜかシャルル・ド・ゴール空港（フランス）を経由して関西空港に向かっているという。ちょっと待ってよ。頭が混乱。

私はコペンハーゲン空港に留め置いてほしいと書いたが、それを無視してスーツケースが単身（?:）、一足先に日本に帰国しようとしているのだ。

すぐさまヤヨイさんに知らせると、ププーッと大爆笑。

「まさかそんなオチがあるとはね。まあ、日本で受け取れるからいいんじゃない？」

「結局、私はスーツケースなしで旅が終わるのか。逆に考えると、バッグひとつでヨーロッパ旅行ができることを証明しちゃうわけね」と、もはやなにが起きても驚かない。高い航空券を買って、とんでもなく振り回されたのは納得いかないが。

笑い転げながら3人で湖畔の散歩道を歩いているうちに、仕事のZOOM会議を終えた朋子さんがやって来て4人でランチに。朋子さんが案内してくれたCafé Vin og Brød（ワインとパンのカフェ）はとても人気店のようで混み合っている。サンドウィッチなどのパン類が美味しいのはもちろん、リゾット、エビのサラダなども素材にこだわって丁寧に作られていて、目にもうつくしい。

朋子さんはデンマークの食文化にも精通していて、有名レストランnoma[*6]などが提唱している「料理にも持続可能性を」という価値観を広める活動もしている。食材を使い切ることや、地元のオーガニックなものを使うこと、植物や家畜など命を与えてくれるものまで配慮することなど、地球環境と共存しながら食と水を分配し、健康で文化的で美味しい暮らしをしていこうとするものだ。

これらの考え方は日本古来の食文化と共通する点も多いとか。

朋子さんはいまロラン島に「食」のインターナショナル・フォルケホイスコーレ、つまり全世界から来られる大人の「食」の学校を作ることも視野に入れて活動している。

ロラン島に子どもたちが大自然のなかで育つ「森の幼稚園」を開園したり、日本でもセミナーを開いたり、社会をより良くしようと動いてきた。そんな彼女のもとには日本から国会議員や教育者、若者たちが学びに来る。毎年ロラン島で開かれるワークショップには、数十人の若者がツアーを組んでやって来るのだ。

「私、死ぬまでに日本の教育を少しでも変えたいの。教育体制を今すぐ変えるのは難しいけれど、語れる場ができて『今のままだといけないな』と思う人が増えれば、根本から変わるときが来るはず。デンマークがそうだったように」と語る朋子さんは、やはり只者ではない。見ているもののスケールが大きくて肝が据わっている。

私たちは街中のカフェで時間を忘れて、話し込んでいた。たぶん4時間近く。

＊6　noma　「世界のベストレストラン50」で5度世界1位となり、ミシュラン3つ星を獲得したレストラン。2024年末に閉店するというニュースが流れた。

〝ヒュッゲ〟を体験

長い長いランチを終えて、有佳さんとはここでお別れ。「数日後にコペンハーゲンでお会いしましょう」と言って別れる。

ヤヨイさんと私は、朋子さんの車に乗って、マリボーから20分ほど南下したリゾート型ホテル、ハーゲス・バデに移動。湿地帯に点在した各コテージには、簡易キッチンが付いたリビングとベッドルームが2つあり、ここで2泊する予定。朋子さんの家の近くなので、〝ヒュッゲ〟をしに行くこともできそう。

「ヒュッゲ（Hygge）」とは、〝心地いい空間〟や〝楽しい時間〟を指す言葉で、デンマーク人の価値観を象徴するキーワード。たびたび「ヒュッゲしよう」という言葉が交わされ、居心地のいい部屋で家族や友人と食卓を囲みながらまったり過ごしたり、晴れた日に公園のベンチでコーヒーを飲みながら日向ぼっこをしたり……と、単に食事やお茶をするだけでなく、身近な人たちと日常の暮らしのなかで「幸せを感じること」を大切にしているのだ。

早速、夕食は朋子さんの家で「ヒュッゲしよう」と、スーパーに買い出しに行く。ホスト側が過剰なもてなしをせず、普段通りに肉を焼くだけ、野菜をオーブンで焼くだけなど、シンプルであることもデンマーク流。無理をしては「持続可能」ではないし、互いに気疲れしてしまうからだ。一緒に料理したり、お惣菜を持ち寄ったりするだけでもじゅうぶん。

近所のスーパーの駐車場で、偶然にも朋子さんの息子くんにばったり会う。

息子くんは21歳で別のスーパーのアルバイトをしながら、ひとり暮らしをしているという。私たちにも、にっこり日本語で挨拶。母親とはデンマーク語で、

「今年か来年か、日本にワーキングホリデーに行きたいと思っているんだ」

「そうね。タイミングとしてはいいかもしれないわ。よく考えて決めてね」

なんて会話をしている。息子くんは高校を卒業して、大学に行くまで「ギャップイヤー」という時期を過ごしている。デンマークでは、高校からストレートで大学に行くのは全体の約15%。残りの85%は、最低1年以上、多くは3年以上がギャップイヤーを選択し、アルバイトをしてひとり暮らしをしたり、海外留学をしたり、フォルケホイスコーレに行ったりして、自分の適性や社会を知る時期を過ごしてから、大学の専攻を決めるというわけだ。しかも小学校から大学院まで授業料は無料なので、進路の変更ややり直しもしやすい。

朋子さんと息子くんの雰囲気は、親子というより、友だちのよう。息子の選択を尊重して、親の考えを押し付けない。デンマークでは、幼稚園時から「自分のことは自分で決めること」を大切にしているという。

スーパーでお肉や野菜、ラビオリ、アメリカンチェリーなどを買って、いざ朋子さんの家へ。広大な畑のなかにある古民家で、好きなものばかりを集めたインテリアはとても素敵。あたたかいランプの下に、本や楽器がいい感じに雑然と置かれていて、整然としているより心地いい。

ものすごくいい音響で懐かしいJポップを聴きながら、朋子さんが焼いてくれたお肉や野菜など、ゆっくりと味わう。朋子さんが庭からブルーベリーを摘んでくる。なんだか癒やされる。これぞ〝ヒュッゲ〟。

おしゃべりも、相変わらず弾んで、とくにデンマークの教育に関して面白い話が続々と出てくる。

たとえばデンマークの幼稚園では、なにをして遊ぶか毎日子どもが決めること。小学校に入学するとき、幼稚園児と親、幼稚園の先生、小学校の先生の4者面談をして、「入学するかどうか」も園児が決め、徐々に慣れていくこと。

小学生はそれぞれ「どう学びたいか」を選ぶこと。テストも宿題もほぼないこと。小学7年生まで成績表がないこと。校則がないこと。高校受験や大学受験はなく、条件を満たせば希望の学校に入学できること。大学のランキングがないことなど。

教育方針は「幸せ第一主義」。そのために得意を伸ばすこと、自分のペースで生きること、失敗はOKとすること、多様性を認めることなどを大事にしている。

前日、朋子さんが言ったように、それぞれの国の文化があり、日本の教育制度をすぐに変えることは難しくても、教育や幸せについて話すことはとても大切。

そんな機会のひとつが幸せな時間と空間をまわりの人と味わう〝ヒュッゲ〟なんだと思う。私も日本で実践しよう。

ヤヨイさんは酔っ払って寝てしまったので、この夜も、私は朋子さんと朝3時近くまで話していた。心から尊敬できる友人がいることは、ほんとうに幸せだ。

ヨーロッパ最大のプロジェクト

デンマークには山があまりない。朋子さんの家のまわりも、だだっ広い平野。そのあちらこちらに真っ白な風力発電機が立っている。車を走らせていると、農地のなかにひょっこりと中規模の風車が現れるのだ。

ロラン島はこの風力発電のおかげで、電力自給率800%というから驚く。造船業が衰退した1980年代以降、財政も赤字続きだった島で、農家の人たちが率先して「風が吹くだけで電気が作れるなんてすばらしい」という好奇心から風車工場を見に行き、設置を決めていったという。

次第に市民が共同で風車を運営する組合ができて、島全体に風力発電が浸透。電力を市場に売ることで、島はゆたかになった……という物語がある。

朋子さんはそのことを日本に紹介しようと、『ロラン島のエコ・チャレンジ―デンマーク発、100%自然エネルギーの島』(野草社)で書いた。

市民の活動を国も後押しして、デンマークは2045年までに、石油や天然ガスなど化石燃料をまったく使わない国になることを目指している。ロシアによるウクライナ侵攻も影響して、輸入よりも自給を求める国民の声が強くなったのだとか。

デンマークに来て私が感じていることは、この地の国民は、教育も医療も無料の超福祉国家のなかで、与えられるのを黙って待っているだけの人たちではないということ。まわりに目を向けて助け合おう、幸せになろうとする主体性がある。

欧米を中心に増えている高齢者の共同コミュニティー「コレクティブ・ハウス」はデンマークが起源。もともとは高齢者だけでなく、プライベートな生活空間と共有スペースを組み合わせ、近隣同士と深い関係を築いて助け合うために始まった。

最近は公民館、文化施設、教会などで安価に「みんなでご飯」をする市民食堂「フェッレスピースニン」が話題。知らない人同士が隣り合わせになり、一斉に「いただきます」と始まる。「ひとり暮らしだから食事は個々に」ではなく、デンマークでは「ひとり暮らしだから、食事は一緒に」と考えて声を掛け合う。そんなふうに一緒に食事をするコミュニティーは孤独対策に大いに役立っているとか。

人びとの政治的な関心も高く、総選挙の平均投票率は86%、若者たちは呼びかけなくても自然に選挙に行く。つまり「他人ごと」でなく「自分ごと」なのだ。

「日本にもすばらしい若者たちがいて、民間の活動が広がってきているよ」と、朋子さんが応援する活動を紹介してくれる。北海道で大人のための人生の学校フォルケホイスコーレを開校した人、東京で「みんなでごはん」をする場所を作った人、鹿児島で食を通して生き方を学ぶ保育園を経営する人。自分たちができることを気負いなくやっている若い世代がいることに、確かな希望を感じる。

そのなかのひとりの女性が、たまたま私の家の近所に住んでいて、ロラン島から連絡してつながったのも旅の幸運。「帰国したら会おうね」と約束する。

超多忙な朋子さんだけれど、私たちのために3日も時間を割いてくれた。

「どこか行きたいところはない？」と聞いてくれるが、「いや、とくにない」。ロラン島の空気に身を置いて、朋子さんと話すだけでじゅうぶん満足。

「じゃあ、トンネルの工事現場でも見に行く？」と連れて行ってもらった場所がすごかった。EU最大のプロジェクト、デンマークとドイツをつなぐ海底トンネルの工事が2020年から始まり、2029年には開通するという予定なのだ。

海底トンネル約18キロを車で10分で両国を往来できるようになり、ドイツとの玄関口のひとつがロラン島になるため、将来はロラン島の開発が進みそうだ。

すでに工事現場のまわりには、関係者の住居が多く造られている。欧州各地から家族で移住して来る人たちが多く、インターナショナルスクールも開校した。その流れで移民が増えたことから、朋子さんの功績を知る人たちから「外国人だから移民の力になれるはず」と推されて市議会議員に立候補している。

工事現場にはいつだれが見に来てもいいように展望台があり、詳しい工程や各種データがパネルで説明されている。驚くのはトンネルの造り方。海底に道路を掘っていくのではなく、トンネルになる長さ数十メートルの長方形の箱「ケーソン（沈埋函《ちんまいかん》）」を、海底に掘った溝に沈めて土を被せるという沈埋トンネルだ。海底の浅い位置にトンネルを造るので勾配も少なく、建設費も削減できるという。

海の向こうにドイツのフェーマルン島が見えて、まだトンネルがないのでフェリーが行き来している。それほど遠くない未来に、ドイツ側からロラン島を訪ねる日もやって来そう。

この島がこれからどんな物語を紡いでいくのか、楽しみでならない。

【後日談】ニールセン北村朋子さんとヤヨイさんと東京で再会。たまたまヤヨイさんと会う約束をしている日に朋子さんが帰国して、一般社団法人日本サスティナブル・レストラン協会（SRAジャパン）主催のトークイベントをしていたのだ。前日の深夜、会うことが決定。イベントに参加したあと、3人で食事をして「遠く離れて暮らしていても縁のある人とはスムーズに会えるものだ」と乾杯。ふたたび何時間も語り合った。

コペンハーゲンでぶらぶら

コペンハーゲン中央駅に戻って来た。スーツケース追跡劇もあり、行ったり来たりしているうちに、ここに来るのは5回目。改めて見ると、赤レンガ造りでアーチ型の高い天井、アンティークのシャンデリアが印象的な歴史を感じる建築。

改札がないのも特徴で、基本的に良識ある市民だという性善説に基づく仕組み。歩道橋の上や道路からも直接ホームに入れるようになっている。

前に有佳さんに「これだと、無賃乗車する人もいるんじゃない?」と聞いたら、「それが意外に少ないんです。ときどき警察の抜き打ち検査があって、見つかると高い罰金が科せられるので」と言っていた。ナットク。そのほうが改札機を設置するコストをなくしたり駅の混雑を防げて、スムーズに乗り降りできるのだ。

さて、この旅も終盤。ヤヨイさんとコペンハーゲンに3泊、2日目の朝にはイギリスからナオさんが合流する予定だ。

まずタクシーでラディソンブル・スカンジナビアホテルに向かう。デンマークにはめずらしい高層ビルで、部屋からは湖畔越しにうつくしい街並みが見える。

ホテルでしばらく休憩したのち、ヤヨイさんと、ぶらぶらしながらどこかで夕食もしてこようと、コペンハーゲンの街に繰り出す。

街のあちこちには、オープン・カフェがあってみんなが思い思いにくつろいでいる。芝生の上ではヨガをやっている女性たちもいる。これも〝ヒュッゲ〟の風景なのかも。

もっとも特徴的なのは自転車の多いこと！　車より多いと感じるほど。

歩道と車道の間に、かなり広い自転車専用レーンがあって、子どもから高齢者、幼児を乗せたカーゴバイク、宅配業者などすいすいと自転車をこいでいく。

コペンハーゲンは「世界一の自転車都市」を目指して、街造りに取り組んできたと、これも有佳さんから聞いた。通勤・通学の50％以上が自転車を利用しているとか。ドアtoドアで乗れる自転車は便利で速いうえに、お財布にも健康にも環境にもやさしい。まさに「人間中心のデザイン」と呼ばれる考え方である。

自転車に乗っている人たちは、とても快適そう。毎日ジムに行くくらいの運動ができているのかもしれない。

街を歩くと、古い街並みのなかに、たびたび、びっくりするような斬新なデザイン建築が出てくる。伝統と近未来がいい感じに融合しているなあと思いつつ歩いていると、メインストリート添いにアンデルセンの像を発見。

高さ3メートルほどの銅像で、ローブにシルクハットを被って本を持ち、微笑みを浮かべている。私は子どものころ、アンデルセンの童話を繰り返し読んだ。とくに『みにくいアヒルの子』は、パッとしない子どもだった私を励ましてくれたものだ。私は銅像に触れて、「お世話になりました」とつぶやく。

アンデルセンは左の空をじっと見つめていて、その方向にあるのは世界最古の遊園地チボリ公園。1843年開園で、アンデルセンがこよなく愛し、たびたび訪ねていたとか。その〝夢の国〟から創作のヒントをもらっていたのかもしれない。

アンデルセンの像のお隣は、大きな赤レンガ瓦造りのコペンハーゲン市庁舎。中世デンマーク様式と、イタリアのルネサンス様式を取り入れた威風堂々たる建築。突き出た塔があって、街の景観を損なわないために、この地区では塔より高い建築物を建ててはいけない条例があるという。「人間中心のデザイン」による街造りは、あらゆる面からアプローチされているのだ。

夕食はかつて肉の卸売り場があったというミートパッキング地区に。現在はシーフード、ピザ、韓国料理などカジュアルな飲食店が並ぶレストラン街になっている。あれこれ迷いつつ、テラスで食べている人たちのカレーが美味しそうだったので、インド料理の店、ボリーフードに決定。

カレーセットが思いのほか美味しくて、しかも安価で大満足。お腹いっぱいになったところで、運動を兼ねてホテルまで30分の道のりを歩いて帰る。途中、スーパーに寄って朝食用のパンやバナナを買い込んで。ずっと朝食込みのホテルばかりだったけれど、今回のホテルは1食4000円というから、さすがにパス。

これが〝円安〟なのだと、いまさらながら痛感。これまでヤヨイさんのホテルセレクトの上手さと、現地に住む友人たちのおかげでリーズナブルな旅ができていたのは幸運であった。この旅も残すところ、あと2日。心ゆくまで楽しもう。

観光地ニューハウン地区

この日は早朝の便でロンドンからナオさんがやって来た。

ナオさんも「海外在住メディア広場」のメンバーで同世代。ヤヨイさんは、ロンドンやパリで何度か会っていて、「6年ぶり？　久しぶりだね〜」から始まる。

私はメッセージのやり取りしかしたことがなかったが、好奇心旺盛でフットワークのいいナオさんとは、昔からの友人のようにすぐに意気投合する。

ナオさんはロンドンに20年以上、英国人の夫、娘と住んでいる。日本料理本を10冊翻訳出版したり、海外在住のライター7人で『コロナ対策　各国リーダーたちの通信簿』（光文社新書）を書いたり。日本からの視察旅行のコーディネートやイベント企画など、幅広く活動している。

ちょうど娘さんが日本の某有名大学医学部での交換留学を終えて、翌週九州を旅するとかで、予約した旅館が私のよく行くレストランの近く。「じゃあ、娘さんとお食事しようか？」「それは喜ぶと思う！」なんて話で盛り上がる。

ホテルの部屋でお茶しながら、しばらくおしゃべりしたあと、アラ還女子3人はコペンハーゲン観光に出発。バスや地下鉄が1日乗り放題になるＣｉｔｙＰａｓｓをスマホから購入して、いちばん有名な観光スポット、ニューハウン[*7]を目指す。デンマークを象徴する絵面なので、ひとまず行って写真でも撮っておこうと。

　Ｇｏｏｇｌｅマップを使いこなすと旅の世界が広がる。マップの導きどおりに地下鉄に乗って到着すると、そこは雑誌やガイドブックで何度も見た、あの風景だ。運河には帆を休めた船と、色えんぴつのようにカラフルな家が並んでいる。馬に乗った女性警察官が通り過ぎたり、お花がたくさん咲いていたりして、まるでメルヘンの世界のよう。

　天気も最高に良くて、気持ちがいい。「せっかくだから遊覧船に乗ってみる？」とナオさんと話していたときのこと。後ろでヤヨイさんが、なにやら奇妙な叫び声を上げた。あきらかにオロオロと狼狽している。

「やられた。ぜんぶ盗まれた」

　ヤヨイさんの肩から斜めがけしたバッグから、財布とポーチがごっそりと抜き取られていたのだ。財布のなかには現金とクレジットカード数枚、運転免許証、健康保険証。ポーチには日本のパスポートとアメリカのグリーンカード（永住権カード）……と、海外旅行でいちばん大事なものが一式。

「終わった。これで明後日は帰れないかも」と絶望の淵にいながらも、「老眼鏡だけ残して盗むって、すごい手腕だわ」と、なぜか感動しているヤヨイさん。

旅慣れている彼女は、ここはスリが多い危険地域と知っていて気をつけていたそうだが、まるで手品レベルの一瞬の技だった。みごとにプロのスリの仕業だ。

もうロストバゲージどころの騒ぎではなくなった。が、意外と冷静な私たち。まず私は夕食時に会うことになっている有佳さんにSOSの電話。有佳さんは仕事中にもかかわらず、日本大使館、警察などの連絡先を送ってくれる。英語の堪能なナオさんが現地の警察に電話連絡しているうちに、ヤヨイさんはクレジットカードをブロックする手配。スマホが盗まれなかったのは不幸中の幸いだ。

急を要するので、タクシーをつかまえてすぐに日本大使館に直行……と、すばらしいチームワークで事故処理が進んでいく。

日本大使館の男性職員はとても親切で「大丈夫です！　戸籍謄本があれば、パスポートの即日発行が可能です」と心強いお言葉。でも、戸籍謄本ってある？

「あ！　パソコンのなかにコピーがあります」とヤヨイさん。たまたま帰国時に戸籍謄本を取得する用事があったことから、コピーをデータ保存していたとか。

これで翌日、戸籍謄本のコピーと証明写真を持って行けばなんとかなりそう。

有佳さんも合流してコペンハーゲン駅近くの中華料理Ｆｕ　Ｈａｏで飲茶を食べながら、再び４人で作戦会議。アメリカ大使館でグリーンカードを再発行してもらうという課題は残っているものの、「アメリカに帰国できなかったら、有佳さんちで子守をしてもうしばらくデンマークを楽しもうか」「ともかく、命があって良かったね」「観光ではできない経験ができてるよね」などと笑いしか出てこない。いや、無理をしているわけではなく。

あれこれあって、お腹が空いていたので、飲茶がほんとうに美味しい。

「不幸は人を団結させる」とは旅の初日にヤヨイさんが言った名言。災難があるから人を頼る幸せや、人のためになにかできる幸せを味わえているのも事実だ。

＊7　ニューハウン　カラフルな建物がぎっしりと建ち並ぶ、デンマークで有名な街。「新しい港」を意味する。

ゴミの山「コペンヒル」と、ストリートフード

ついに、コペンハーゲン最終日である。

朝、ナオさんがホテルにやって来て、アラ還3名は日本大使館に。無事、ヤヨイさんのパスポートが発行された。こんなにスムーズに行くとは。

つぎはアメリカ大使館だ。ヤヨイさんは徹夜で提出書類を作っていたが、入り口にいる警備員が「アポイントがないと入れられないんだ」と申し訳なさそうに言う。メールで申し込んではいる。アポイントの返事が来るまで何日かかるのだろう。

ヤヨイさんは徹夜疲れで、ホテルで休むというので、ナオさんと私はふたたびコペンハーゲン観光へ繰り出す。

私が気になっていたコペンヒルを提案すると、ナオさんは快諾してくれる。コペンヒルは、ゴミ焼却施設とスキー場を組み合わせたデンマークらしい、サステナブルな建築物だ。

「コペンハーゲンには山がない。でも、ゴミの山は造ることができる」という若い建築家の奇想天外なアイデアから、このプロジェクトは始まった。２０１９年、老朽化した

ゴミ焼却場はみごとにエネルギー基地とスキー場に変わり、市民や観光客が集う観光スポットになっている。日本でも『コペンハーゲンに山を』(キャスパー・アストラップ・シュローダー監督)というドキュメンタリー映画が話題になったのは記憶に新しい。そのキャスパー監督がいまは日本人の孤独をテーマにドキュメンタリー映画を撮っていて、有佳さんもスタッフとして加わっているのだ。

バスの停留所からしばらく歩くと、銀色に光るアルミニウム・レンガを積み上げた巨大な建築物が見えてくる。煙突からは白い煙が上がっている。いまもゴミが燃やされ続けているのだ。

頂上に行くエレベーターからは、しっかりとゴミ焼却施設が見えて、いくらかゴミの臭いがする。これらも含めて共存するのがデンマーク流だ。

頂上からはコペンハーゲンの街を360度一望できる。私たちは、屋上庭園ルーフ・ナチュラルパークベンチでバーのジュースを飲みながら「なんてうつくしい街なんだろう」とうっとり眺める。水と緑が豊かで、平坦で、自然と人工建築物が溶け込んでいるよう。

コペンヒルの北側人工芝と天然芝をミックスしたスロープは、グラススキーで下まで滑っていけるようになっている。ゲレンデの下はゴミの焼却熱からエネルギーを生み出す発電所でもあり、年間約3万世帯分の電力を供給しているとか。

またゴミの3分の2がリサイクル利用され、焼却処理されるのは3分の1以下というのも興味深い。ゴミを汚くて不要なものとして排除するのではなく、とことん利用しようとする取り組みを、間近で見られて良かった。

お腹が空いてきたので、近くにあるコペンハーゲン・ストリート・フードReffenへ直行。港湾部に開発されている貨物コンテナなどを再利用した屋外フードコートだ。昨日行ったニューハウンの対岸で、ボートが行き交っている。

ステーキ、ハンバーガー、メキシカン、インド、中東など多国籍の屋台があって、どれも美味しそうで迷うが、「やっぱり、デンマークならホットドッグじゃない?」とナオさん。知らなかった。ホットドッグはデンマークの国民食といっていいほど至るところで売っていて、軽食の定番なのだとか。

たしかに、すごく美味しい。シャキッとしたソーセージと、酸味のあるピクルスとキュウリ、玉ねぎ。ほどほどの硬さのパンにケチャップ。すべてがパーフェクトな組み合わせ。ほかにも中東っぽいナスのトマトソースも、カシスの炭酸割りも期待以上の味。こんなB級グルメが、意外に旅では記憶に残るのだ。

天気がいいからか、運河のほとりのチェアも地元の人びとが日光浴をしながら、ビールや食事を楽しんでいる。やさしい太陽の光、心地いい風、きれいな風景、ポップな音楽、美味しい食べ物……ただ、ただ幸せな空間だ。

一緒に過ごしてくれたナオさんに心から感謝。

帰国するまでスリル満点

ナオさんと半日観光をして、ホテルにお土産を持って帰ると、ヤヨイさんが元気を取り戻していた。

「私、腹を括った。ダメ元で明日は予定どおり、空港に行って、グリーンカードがないまま搭乗を試みる。スマホのなかにコピーがあるからなんとかなるかも」

スーツケース追跡大作戦のあとは、スリル満点のスパイ脱出大作戦が始まったようだ。アメリカに入国できるのか、こちらまでドキドキしてくるが、ともかく旅の最後の夜を楽しもうと、私たちはたくさんしゃべり倒した。

そして、朝6時、空港に向けていざ出発。タクシーでかなり早めに到着。

私は問題なく、空港のチェックイン機で発券完了。

問題はヤヨイさん。カウンターでスタッフを介してのチェックインならば、99%グリーンカードの提示なしでは断られるはずだ。が、昨今の自動化でカウンターがないのが功を奏した。チェックイン機では、永住権保持者が持っているAナンバーの入力だけで発券完了。第一関門突破。

次なる難関は、搭乗前のチェック。私のほうがあとの出発だったので、ヤヨイさんを心配しながら後ろから見守っていると、搭乗口の前で女性スタッフに「グリーンカードは？」と呼び止められている。

「あ〜、ここでゲームオーバーかー」と思ったら、ヤヨイさんはにっこり微笑んで、女性にスマホの画像を見せて、搭乗口から消えていった。大きく手を振って堂々と。

「グリーンカードは？」と聞かれて「持ってない」と答えるとアウトだが、「持っている」と答えて、しれっとスマホの写真を見せたら「ＯＫ！」だったのだ。

良かった。飛行機に乗ったらこっちのものと、私はほっとして、自分の搭乗口に急ぐ。最後までヒリヒリ、ドキドキの連続。

ヤヨイさんはアメリカ入国の際、グリーンカードがないので案の定、別室に連れて行かれたが、事情を丁寧に説明したら、すぐに解放されたそうだ。

空港まで迎えに来てくれた恋人と仲良く過ごす写真が送られてきた。

私のほうも無事に帰国……と言いたいところだが、そうはいかなかった。

搭乗口の手前で油断したのがマズかった。セキュリティー・チェックの場所に、命よりも大切だと思っていたパソコンを置いてくるという大失態。

そのことに気づいたのは、出発直前の飛行機のなか。で、今回ばかりはパニックになり、この世が終わりそうな形相で「忘れ物をしたの！　ほんとうに大事なものなのー！」と男性のキャビンアテンダントに掛け合う。これはただ事ではないと思ってもらえたのか、すでに閉まっていた飛行機のドアを開けて、数人がかりで探してくれたが、結局、見つからなかった。

まさか最後の最後にこんなオチが待っているとは、笑いが込み上げてくる。

文筆家にとってパソコンは命よりも大事だと思っていたが、ぜったいに命のほうが大事だ。命さえあれば、これからいくらでも文章を生み出せる。それに、用心深い私は、ほとんどの原稿をクラウドやハードディスクに保存している。もう7年も使っていて、買い換えどきだったではないか。

そうして私は、空港に着くと、その足で閉店間際のパソコン・ショップに急ぐ。たくさん遊んだから、明日からはちゃんと仕事するぞと心に誓いながら。

翌日には、待ちに待ったスーツケースが届いた。一度も開けることがないまま、なにひとつ使わないままで私のもとに帰ってきた。思わず「どこを旅してきたのよー」と抱きしめる。自宅に戻ったスーツケースと記念写真を撮り、追跡チームのみんなに「ありがとう、やっと戻って来た」のメッセージと写真を送る。
ふっと旅の名場面が、映画のダイジェストのように思い浮かぶ。
まるでコメディー映画のようにドタバタして、バカみたいに笑ってばかりの旅だった。

デンマークを象徴する「ニューハウン地区」。
この写真を撮ってすぐに事件が起こった。

誰でも起こる！「ロストバゲージ」は万全な対策を

北欧の旅でロストバゲージを体験した。「ロストバゲージ」とは、空港で預けた荷物が、積み忘れや、他の乗客の取り違えなどによって紛失してしまうこと。私は旅の約2週間、スーツケースがなくて、たいへん不便な思いをした。

最小限のものしか入っていないバッグひとつで放り出され、旅の期間中、スーツケースが私の滞在先の空港に運ばれてくるものの受け取れずに、最終的に受け取ったのは、日本に帰国した翌日だった。

旅慣れた人たちに言わせると、「そんなの、よくあること。生活必需品や貴重品は預けちゃダメ」ということらしい。現金やカード、貴重品はもちろん、持病の薬や眼鏡、パソコンの充電器など、ないと生活に困るものも預けてはいけないのだ。

【ロストバゲージ対策】としてほかに

＊荷物に必ずネームタグを付ける
＊過去のシールはすべて外しておく
＊できるだけ乗り継ぎ便を避ける
＊スーツケースの写真を撮っておく
＊旅行保険に入っておく

といった方法がある。

もし、不運にも手荷物が行方不明のときは、慌てずに「バゲージクレームカウンター」へ。紛失証明書に滞在先の住所やメールアドレス、荷物の特徴などを記入して、必ず控えをもらうこと。この証明書の番号からＷＥＢでどこにあるかを追跡できる。

また、旅行保険に入っていれば、衣服やバッグ、生活必需品などの購入費用を補償してくれる可能性大なので、領収書などは残しておこう。

ちなみに私は、クレジットカードに付いた海外旅行保険で10万円ほど補償してもらえた。ロストバゲージに遭った時点で保険会社に連絡して指示を仰ぐのがおすすめ。

海外旅行の多い友人たちが口々にロストバゲージ対策としておすすめするのが、紛失防止トラッカー「エアタグ（ＡｉｒＴａｇ）」を荷物に入れておくこと。ｉＰｈｏｎｅの「探す」アプリを使っていまある場所を見つけ出すことができる仕組み。サムスンの「Ｓｍａｒｔ Ｔａｇ」、あらゆるスマホと適合する「ＴｉｌｅＰｒｏ」などもある。

ただし、「ある場所はわかっても、取り戻せないと逆に苛立つ」という意見もあり。

昨今は日本でも空港内やリムジンバスで盗難被害に遭ったという話も聞く。ひとり旅でトラブルに遭うと、できることがかぎられ、心細くなるものだ。私はこれから荷物は預けず、機内持ち込みができる大きさのスーツケースと、それに入る分量だけにしようと思っている。

翻訳アプリがあれば、海外ひとりレストランも怖くない

スマホがなかった時代、海外を旅するとき、本の『旅の指さし会話帳』を使ったり、メモ帳で筆談したりしていたものだった。しかし、ここ数年、スマホの翻訳アプリを使うようになってから、格段に便利になった。

いちばん効果を実感するのは、レストランに入ったとき。翻訳アプリでメニュー表にカメラを向けるだけで、「鹿肉のロース串焼き」「チョコレートのフリットト・パイナップルのゼリーミックスコンポート」など、画面に日本語が表示されて、なにが書いてあるかバッチリわかる。パン屋さんでも「ライ麦パン」「スパイスブレッド」など種類や説明書きも翻訳できる。

翻訳アプリはいろいろな種類があるが、私が使いやすいと感じるのは、Google翻訳とDeepL翻訳。とくにGoogle翻訳は108言語を網羅していて、カメラ・画像・音声・テキスト・手書きから翻訳できる。カメラの文字認識精度が高いので、遠くの看板や標識もなにが書いてあるのか判別できる。

翻訳アプリで現地の人と交流するのも面白い。たとえば、台湾を旅するとき、「日本語⇕中国語（繁体字）」に設定して、

日本語で話すと、中国語に訳して読み上げてくれる。相手に中国語で話してもらうと、日本語の音声で返ってくるという具合。

道を尋ねるとき、屋台で注文するときなど、音声の翻訳機能があると、遊び感覚でおしゃべりができるのだ。

ただ、翻訳アプリがない、英語や他の言語ができないからといって旅ができないわけではない。買い物するときも「1個ちょうだい」というようにジェスチャーで指させばいいし、写真撮影したいときは、カメラを掲げて「ＯＫ？」とにっこり聞くだけでじゅうぶん。身振り手振りと笑顔と中学英語くらいの語彙力でなんとかなるものだ。

大事なのは言語ができないからといって、あきらめないこと。食べたいものを食べること、行きたい場所に行くこと、欲しいものを買うこと、ホテルやレストランで要望を伝えることなど、「まぁ、いいや」ではなく、とりあえずトライしてみる。意外に簡単にできることは多いし、そこでうまくいかなくてもだんだん慣れていく。

英語ができないことや、間違うことは恥ずかしいことではない。なにもしないで縮こまっていること、もじもじして話さないことのほうが格好悪いと、旅をしていて実感する。

言語が違うことも旅の醍醐味。それが理解できたとき、自分の言葉が通じて交流できたときの喜びも大きいのだ。

point 15

パスポートや財布のスリに遭っても慌てないために

「海外旅行では、荷物が盗まれても、パスポートとクレジットカードさえあればなんとかなる」と思っていたが、デンマークの旅で同行していた友人はそのどちらも盗まれた。

でも慌てることはない。順序立てて手続きさえすれば、被害を最小限に抑えて、ちゃんと帰国できる。

【盗難対策としてやっておくこと】

＊とにかくお金は分散して持つ（できれば別な種類のクレジットカードも分散）

＊海外旅行保険にはかならず入っておく

＊クレジットカード、マイナンバーカードなど重要なカード番号を控えておく

＊パスポートのコピー、戸籍謄本（6カ月以内）、写真2枚を準備

＊貴重品は肌身離さず。とくにスマートフォンは生命線なので、内側に着ている服のポケットなど盗られない位置に入れておく。

【万一盗難に遭ったら……】

①まずはクレジットカード会社に電話。利用機能を停止してもらう（ほとんどのカード会社は24時間365日対応）

②最寄りの警察署へ。「被害届証明書」

を発行してもらう
③在外公館（日本国大使館や総領事館）へ。書類を提出して新しいパスポート、すぐに帰国しなければいけない場合は「帰国のための渡航書」を発行してもらう（※現地警察の被害届証明書、戸籍謄本、写真2枚、手数料の現金などが必要）
④海外旅行傷害保険の証書に記載されているヘルプデスクに電話。手続きの流れや保険でカバーできる範囲などを聞く

現地の警察官は基本的に現地の言葉しか話せない。知り合いや旅行会社に頼んで通訳してもらうか、翻訳アプリ、身振り手振りを交えて伝えよう。

ひとり旅でいちばん困り、心細くなるのが、盗難や病気、ケガなどトラブルが起きたとき。「最悪のことがあったら、ここに連絡する」という最後の砦は持っておきたい。私はそのためにも、クレジットカードのコンシェルジュを利用している。

ひったくりの防止策として、混雑した場所を避ける、車道側にバッグを持たない、ポシェットなどは手前に持つなど、常に気をつけることである程度は防げる。

海外で盗難に遭ったら、99％出てこないので諦めが肝心。「命があって良かった！」と切り換えて事後処理をしよう。命さえあれば、なんとかなるのだ。

クレジットカードのコンシェルジュで旅の相談

当たり前のことだが、ひとり旅は、飛行機のチケット、ホテルやレンタカーの予約など、全部自分でしなければならない。私も飛行機の乗り継ぎを考えたり、ネットの口コミを見て良さそうなホテルを探したりするのは嫌いではない。むしろ、好きなほう。

しかし、時間的な余裕がないこともあったので、昨年1年間は、ものは試しとクレジットカードの「コンシェルジュサービス」を利用することにした。

〝コンシェルジュ〟とは秘書のようなサポートをしてくれる人。24時間年中無休、無料でリクエストに応じてくれる。なにかと時間のかかる作業を電話1本でやってくれて、自分では思いつかないようなプランをおすすめしてくれるのだ。

たとえば「コペンハーゲン行きの飛行機で、いちばん安いルートは?」「品川で予算○○○円のイタリアンを2名予約して」「マレーシアのプトラジャヤで交通の便がいいホテルを探して」という具合。旅行の計画をサポートしてくれるだけでなく、海外でロストバゲージに遭ったときも、力になってもらえた。

【コンシェルジュに依頼できる内容】は

＊観光プランの提案

＊新幹線や飛行機のチケット手配

＊ホテル、人気レストランの予約
＊ライブチケットや観劇の予約
＊医師の手配・病院の予約
＊特別な日のサプライズ、フラワーギフト
＊カードや旅行保険、航空会社のポイントなどの質問にも対応

カード会社によってもサービス内容に若干の違いがあり、価格も年会費2万円台から16万円台までさまざま。

また、航空会社のマイルやポイントを貯めている場合は、カード会社にチケット予約を頼むと積算率が低くなるので、コンシェルジュでルートや料金を調べてもらって、予約・購入は航空会社のネットからカード決済で行うほうが賢明。

私はアメックスカードで、ラグジュアリーホテルのフリーステイギフト（2名まで1泊）がもらえたり、同時に西武プリンスクラブの上級会員になれてホテルの朝食やチェックアウト延長サービスが利用できたり。1年間、ひとり旅のサポーターとして何十回と活用して、「たいへん助かりました。またよろしく」という気持ち。

ただ旅の回数が多くない、自分であれこれ調べて計画を立てるのが好きという人には必要ないサービスかもしれない。

クレジットカードには、旅行傷害保険、プライオリティパス、マイルプレゼント、手荷物無料宅配サービス、ホテルメンバーシップなどうれしい旅のサービスが付いているので、自分のスタイルに合ったカードを選ぼう。

奄美大島

きれいな空と星を
ずっと眺めていたい

旅に出るタイミング

奄美大島（鹿児島県）への旅は、一度あきらめた。

もともとは、秋に1カ月ほど、奄美の龍郷町《たつごうちょう》にある長期滞在者用の古民家を借りて、そこで本を執筆しようと予約していた。

しかし、高齢者施設にいてそれまでわりと元気だった母親が、たびたび高熱を出すようになって入院。私はすべての旅の予定をキャンセルした。コロナ禍でなかなか会わせてもらえず、携帯電話で話すこともままならない病状だが、近くにいたかった。

そして、ひと月、気が抜けない状態が続いたあと、母は眠るように旅立って行った。93歳になって11日後のことだった。

しばらくは母を見送ることで忙しかった。

告別式や役所への手続き、荷物の整理などが済んで、四十九日までやるべきことがなくなったとき、ふと寂しさが押し寄せるようになった。

朝起きたとき、面白いテレビ番組があるとき、母がいた病院の前を通り過ぎるとき、

「あぁ、もう母には連絡できないのだ」「もう会うこともできないんだ」と胸が詰まる。

そして、ふと思ったのだ。

奄美大島に行こうと。

喪中に不謹慎だと思われるだろうか。いや、そんなことはどうでもいい。

母なら「あら、いいじゃない。あなたがやりたいことなら」と言ってくれるはずだ。幼いころから、ずっとそう言ってくれたように。


母は私がどんな選択をしても反対したことがなかった。重症心身障がい児病棟の看護師をしていた母は、「子どもは生きていればいい」と昔から言っていた。親よりも先に亡くなっていく子どもたちを見てきたので、そんな境地になったらしい。どこで暮らしてもいいし、どんな仕事をしてもいい。ただし、幸せに生きて自分より先に逝くなと。

私が仕事を変え、住む場所を変え、旅するように生きてこられたのも、そんな母だったからだ。「母の近くに住む理由もなくなったな。つぎはどこで暮らそうか」とぼんやり考える。

私は意を決して「前に古民家を予約していた者ですが、まだ空いていますか？」と電話する。

「大丈夫ですよ。いつからいらっしゃいますか？」とNPO法人[*1]あまみ空き家ラボを運営するリエさんがあたたかく応えてくれる。途端に、心の時計が動き始めたような気がした。

私はイソイソと準備を始める。「3週間いないからやっておくことは？」「持って行くものは？」と、こんなときの頭の回転はすこぶる速い。

考えてみると、旅に出られるのは幸せなことだ。家族のこと、健康であること、仕事や経済的なこと……さまざまな状況が整って動けるのは、けっして当たり前ではない。

病床の母は覚悟ができていたのだろう。電話するとよく「私はほんとうに幸せ」と言っていた。「やさしい人と結婚できた」「定年まで看護師として働けた」「娘と息子が元気に育った」「いい施設に入れた」と、人生の幸せを数えるように。

そして、他界したあと、出てきた日記には、たくさんの日々の「幸せ」が綴られていた。「ご飯を完食した。美味しかった」「リハビリの先生と百三十歳まで生きよう！と言って笑った」「車椅子を押してもらって散歩した。気持ちが良かった」……。

幸せを見つけようとする癖は、きっと私のなかに引き継がれている。

自分の心に正直に生きた人だった。

娘から見ても、ほんとうに幸せな人だったと、つくづく思う。

＊1　NPO法人あまみ空き家ラボ　遊休不動産を流動化し、移住したい人や滞在したい人に住まいを提供する環境を整えることを目的に設立されたNPO法人が運営。

「ドアtoドア」で憧れの地へ

奄美大島には、自家用車ごとフェリーに乗って行こうと決めた。

3週間の長期滞在だから荷物もわりかし多い。服や下着は洗濯をするので少なくていいが、パソコンやカメラ、プリンター、スキャナー、本などの仕事道具、自炊の道具もいっぱいある。それらを車に積み込んで、「ドアtoドア」で行けるならラクだし、乗り慣れた車で島内をあちこち回れるなんて最高じゃないか。

ネットでフェリーのチケットを取ったら、当日の朝、18時出航なのに「どんなに遅くとも16時までには来てください」とわざわざ確認の電話があった。

「そこまで言われて、乗り遅れてはなるものか」とやや緊張しつつ、なんとか2時間前に鹿児島新港に到着。自衛隊や運送用トラックなどと一緒に小さな愛車も乗り込んで、無事、出航した。

鹿児島市内の夜景を眺めつつ、ほっと安堵する。これで朝5時になれば、奄美大島の名瀬港に着いているはずだ。

初めての車でのフェリー旅。初めての奄美大島。私にとって見たことのない動植物が息づき、独特の文化を持つ神秘的な島だ。

日本画家の田中一村《いっそん》にも興味があった。昭和30年代、50歳で千葉から移住して、亜熱帯の植物や鳥を描き続けた孤高の画家、一村が惹きつけられたのはなんだったのか。

20年も前から行きたいと思っていたのに、なぜか後回しになっていた。

船旅は2等客室でも快適だった。レストランで食べたハンバーグ定食も意外に美味しく、女性客がまばらに横たわる広い客室で、疲れていたからか爆睡。朝4時前、突然、津波注意警報のサイレンが鳴って起こされたけれど。

どうやらフィリピン沖で地震が発生したらしく、着岸後も車の乗客はレストランに集められて30分ほど待機してから、下船が許可された。

車に乗ったまま下船して、走り始めた瞬間、「やっと来た」という思いで胸が熱くなる。未知なる島をいつもの車で走っているのも、なんだか感動。この島で、どんなものを見て、なにを感じるんだろう。

東の空はうっすら明るくなりかけていた。

古民家にプチ移住

滞在する古民家は、想像していたより広く、こぎれいだった。

ダイニングテーブルは6人がけで、仕事スペースとしてはじゅうぶん。ほかにベッドの置かれた寝室、リビングの洋室、和室があり、昭和の薫りが漂う応接間の片隅には、大島紬の機織り機が置かれている。

私は初日からすっかり馴染んで、我が家のように近所を散歩したり、スーパーに買い出しに行ったりする。近所の子どもたちが「こんにちは！」と大きい声で挨拶してくれることや、道端で会ったシマ（集落）のおばあと自然に会話が始まることがうれしい。

近所のエミおばあとは、「暑いねえ。寝るときもタオルケット1枚だよ。今年は冬が来ないんじゃないかねえ」などという挨拶から始まり、高校野球の話で盛り上がった。数年前に甲子園球場を盛り上げたピッチャーがこの集落の出身で、ドラフトで指名され、いまはプロ野球選手になっている。野球好きだった母も応援していた選手だ。

私が「奄美大島の公立高校から甲子園に行くって、本当にすごいピッチャーですよね」と言うと、エミおばあは「あの子はね、顔がいいのよ」とケラケラ笑う。「たしかに、イケメンで笑顔がさわやか！」とつられて私も笑う。

エミおばあは90歳を超えているとは思えないほど肌艶が良く、ハツラツとしている。

ひとり旅で幸せだと思うことのひとつは、こうして地元の人と仲良くなりやすいこと。ひとりだから、人のなかに入って行きやすいし、声も掛けてもらいやすい。

とくに奄美大島の女性たちは、明るく開放的で、見知らぬ私にも昔からそこにいたかのように、「暑いねぇ」と笑顔を向けてくれる。

古民家の大家、トクさんも話し好きな女性だと、リエさんから聞いていたけれど、案の定、初対面からおしゃべりが弾んだ。

私が〝おばあ〟という存在に興味津々だったからか、トクさんはあれこれ教えてくれる。

「このシマのおばあたちは、生活の知恵はなんでも知っている生き字引なの。尊敬されていて、なにか困ったことがあると、みんな、おばあに聞きに行くのよ」

「ネズミが野菜をかじると、私たちは野菜を捨てたり、ネズミを駆除したりするけど、おばあは『ネズミの分をあげなさい。そうしないと、紬の絹糸までかじるようになるから』って。自然と共存して暮らしてきた知恵よね」

「おばあたちがおしゃべりなのは、外で泥染めの作業をしていたからね。黙々とひとりでやるのはつまらないから、だれかを見つけると、すぐに捕まえてしゃべるのね」

ここで生きてきた人の体験を積み重ねて発せられる言葉は、とてもリアルで尊い。その土地への理解が深まり、愛着も湧いてくる。

奄美は２０２３年12月25日で日本復帰70年を迎えた。90年以上、このシマから出ることなく生きてきたエミおばあは、どんな実体験をしてきたんだろう。

私が旅から帰って思い出すのも、景色や食べ物より、「あの人、こんなこと言ってたなあ」「面白い話だったなあ」とあの人この人と、しゃべった会話のことが圧倒的に多い。それはきっと私にとっていちばん興味があって、日常の生活や人生にも必要な内容だからかもしれない。

ピアノ・コンサートにどっぷり浸る

ピアニストの村松健さんのクリスマス・コンサートに誘ってくれたのは、アラキさんだ。

アラキさんは奄美の星や月を撮っているフォトジャーナリストで、埼玉と奄美の２拠点生活を送っている。２０２３年の初めに台湾の友人、シャンティーに「今年は奄美に行きたいと思っているの」と話したら、「それなら、奄美に知っている人がいるよ」と紹介してくれた。

アラキさんとメッセージのやり取りを少しだけして1年近く経っていたのに、私が「そうだ。奄美に行こう」と決めた日に、アラキさんから突然、「奄美にはいつ来ますか?」と連絡があった。旅モードになると、こんな引き寄せが起こるものだ。

アラキさんの古くからの友人、村松健さんは今年でデビュー40周年。ＣＭやテレビ番組のテーマ曲なども作曲するベテランのピアニストである。

奄美の自然と島唄に惹かれて、東京から移住して20年。奄美の人びとから三線や島唄を習い、いまでは自分で三線を作ってコンサートで演奏するまでになった。音感がいいからか、奄美の古い言葉も話せるという。

アーケードのなかには、グランドピアノが置かれていた。アラキさんは写真撮影でウロウロするというので、私はいちばん前の真ん中にひとり陣取る。

今回のクリスマス・コンサートには、遠方から来たドラム、ギター&ウッドベースも加えてトリオで開催。前半はジョン・レノンの「ハッピー・クリスマス」など、世界のクリスマス曲を、ジャズやクラシックや奄美の民族音楽が混ざり合った独自の世界観で聴かせてくれた。なんともぜいたく。

こんなすばらしいプロフェッショナルな音楽を、気持ちばかりの投げ銭を入れることでだれでも聴けるなんて、まるでクリスマス・プレゼントのよう。演奏している3人がずっとニコニコしていて、観客の子どもも若者も高齢者も楽しそうにリズムを取り、私も自然に体が横に揺れる。なんとも平和。

後半のオリジナル曲「出逢いと別れ」は初めて聴く曲だった。

MCで村松さんは「出逢いがあるから、別れがあるというけれど、ぼくは、別れがあるから、出逢いがあるんじゃないかと思うんです」と静かに話してから、やさしいメロディーを弾き始めた。その横で、フラダンスの先生が情感たっぷりに踊っている。

ふと母のことを思い出して、びっくりするほど涙が溢れてきた。

ここ数年、私は母のことがいつも気に掛かっていた。

身のまわりのことを手伝いたくて、実家の近くで暮らしていたのもそのためだ。

母はいつも「年を取れば、だれでもこうなるの。心配しないで、自分のことをちゃんとやって」と言っていたけれど。

気に掛ける人がいることは幸せだった。もう気に掛けなくてもいいなんて、寂しいが、心のなかにいつもいるような感覚。それに、新しい出逢い、新しい暮らしへの希望もある。

村松さんの音楽は、切なくてやさしい。音楽に癒やされて、心が洗われた夜だった。

コンビニのお弁当とパンが美味しい

奄美大島のコンビニは、ほかの土地とはちょっと違う。

とにかく、お弁当やお惣菜、パンの品揃えが豊富。いわゆるコンビニ弁当ではなく、出来立てホヤホヤのお弁当で美味しく、しかも安価なのだ。

フェリーから奄美に上陸した直後、港の近くにあるファミマに寄ると、朝5時というのに、焼き立てパンの香りがほわんと漂っていた。熱々のカレーパンを買って、すぐさま車内で食べたら、「パン屋さんじゃないよね?」と思うほどサクサクな食感で美味しく、びっくりした。ほっかほっかのバクダンおにぎりは、ランチ用に購入。ほんとうは出来立てをいただきたかったけれど。

ひとり旅で心細くなりそうなとき、あたたかい食べ物に出合うと、ほっこり心が和らぐ。なんとなく、歓迎されているような気分になる。

滞在先の古民家の近くのファミマに行っても、お弁当とパンがいっぱいあった。白い調理服を着たスタッフが、出来立てをどんどん並べていく。

人目を引くのは、サンドおむすび系。よくある三角ではなく、でっかい四角のおむすびで、サンドイッチのように具が挟まって飛び出している。チキン南蛮、チャーシュー&黒豚味噌風、唐揚げ&ツナマヨ風など、ボリューム満点。値段は250円前後だが、これとカップ味噌汁があればお腹いっぱいになりそう。

お弁当も「ポークサンドおかずセット」という400円ほどのパックが山積みされていた。分厚いポークハムを挟んだ〝ポークサンド〟のおにぎりが人気のようだ。

もちろん、ハンバーグ弁当、とんかつ弁当なども充実していて、えびたっぷりかき揚げ丼を買って食べたら、コンビニとは思えない（失礼！）美味しさだった。

基本、自炊する予定でいたが、こんなに充実していたら、ときどきコンビニ弁当もありだと思う。いや、美味しそうなもの、島ならではのものは、積極的に食べたい。

アラキさんの話によると、奄美はもともと「エブリワン」というコンビニ・チェーン店が多く、焼き立てパンと出来立てのお弁当が充実していて、スーパー以上に便利とされる存在だった。島にファミリーマートが参入することになり、島民は「エブリワンがなくなっては困る」と猛反対。台風などで船便が欠航したら、すぐに食料が尽きてしまうからだ。

そこで、エブリワンの機能を残したままのファミマが島の各地にできたという。コンビニは島民の生命線でもある。

こんなふうに人にやさしく地元に根ざしたコンビニは、ひとり旅の強い味方だ。

石窯で焼いた絶品メロンパンに出合う

奄美大島はパン屋さんが多い。しかも、どのパン屋さんもこだわりが強い個人店で、びっくりするほど美味しいのだ。

最初に行ったのは、日曜日しか開いていないドーネパン[*2]（ほかの日は予約制で無人販売）。粒々の玄米がギュッと詰まった、焼き立て玄米キッシュが最高。

サーファーだというベリーショートの女性店主が、ひとつひとつのパンについて丁寧に説明してくれる。冷凍されたパンは「トースターで焼くと、ふっくらになりますよ」と言われたとおり、玄米食パンはもちもち、イチジクのパンはしっとりで、毎朝の楽しみになった。無農薬の玄米、天然酵母、奄美大島の黒糖など素材にこだわっているのもうれしい。

つぎに行ったのは、アラキさんが「人生で食べたなかでいちばん美味しいメロンパン」と絶賛するパン工房　麦の実[*3]（龍郷店）。入り口の前に大きな石窯があって、入った途端、薪の燃えるいい香りがぽわ〜んとする。

1個だけ残っていたメロンパンを買おうとしたら、ご主人が石窯から出したばかりのメロンパンに変えてくれた。包み紙を閉じないのは、熱がこもってパンがしけらないようにだという。

いちばん美味しい焼き立ての状態で食べなければと、ファミマでコーヒーを買い、海辺のベンチでおやつタイム。バッグに入れていたからか、ちょっと小さくなっていたが、クッキーのようなサクサク感で薪の香りがした。たしかに絶品。

ひとりドライブの途中で寄ったのは、古民家の大家さんに教えてもらった[*4]ココロ晴れるパン日和　晴れるベーカリーだ。ちなみに、オーナーは違うが、奄美市には雨ノヒパンという店もあるという。単なる偶然か、シャレなのか、どちらかが対抗したのか経緯が気になり、何人かに聞いたが、だれも知らない。

ハムとチーズのホットサンドを店内で焼いてもらい、外のテラスで遅めのランチ。山田珈琲も一緒に注文。こちらも空港の近くにある有名店で、晴れるベーカリーのパンに合わせてブレンドしているとか。

ホットサンドは5分かけて焼くというだけあって、外がカリッとして中はふんわり。チーズが濃厚。たしかにコーヒーもよく合う。自然のなかのテラスで食べる。お腹がいい感じに空いていた。いい天気。冬なのに暖かい。そして、気ままな旅……。美味しいものをさらに美味しくする最高の条件だった。

＊2　ドーネパン　国産小麦・無農薬玄米・島ザラメ・奄美の食材を使った天然酵母パンや玄米キッシュを提供。トースター〝ビストロ〟を使った焼き立てが食べられる。

＊3　パン工房　麦の実（龍郷店）　オリジナルの石窯で焼くパンは、調理パンも含め種類が豊富。名瀬浦上町に姉妹店もある。

＊4　ココロ晴れるパン日和　晴れるベーカリー「白神こだま酵母」で焼くパンが評判。店外にある屋根付きのウッドデッキのイートインスペースでは、チェアハンモックが利用できる。

田中一村の生き様を知る

やっと、やっとここに来られた。2001年に田中一村記念美術館がオープンしたとき、私は鹿児島の新聞社で働いていた。取材も含めて「これは行かなきゃ」と思っていたのに、20年以上の歳月が経っていた。

しかし、私が物書きとして独立し、ひとりで生きているいまだからこそ、ここに来る意味も大きかったとも思う。

孤高の画家といわれる田中一村は、本人の言葉を借りると「勝手気まま」、つまり、なににも支配されず、自分の描きたいものを描きたいように描くことにこだわった無頼の画家だ。「私は私の良心を満たすために描いている。それで生活に窮することがあってもいたしかたない」と。

没後、その絵が発見されてから、高く評価されるようになった。

一村の美術館は、奄美の文化や歴史を知る鹿児島県奄美パークのなかにある。奄美大島の倉庫である高倉をイメージしたユニークな建築だ。

最初に入り口の横にある視聴覚室で、15分ほど一村の生涯を紹介した動画を見る。内容はざっくりしたものだったが、絵を描いている写真の、強いまなざしが心に残った。

高倉の部分の展示室では、「神童」と呼ばれた幼少期から奄美大島移住前の千葉時代の作品、48歳から四国や九州を旅して描いたもの、50歳で奄美に移住し69歳の最期までに描いたもの……と年を追って展示されている。

シマに来てからは、3年ほど大島紬の糸を染める染色工として働いてお金を貯め、数年は絵に没頭するという暮らしを繰り返していたという。

一村の作品は、俗な言い方をすると、アバンギャルドでかっこいい。現代のニューヨークのデザイナーが描いたといっても違和感がないくらい洗練されている。野暮なものをすべて削ぎ落として、究極まで磨き抜かれた感性と技術、独自の成熟した世界観がある。

やはり奄美大島時代の作品が圧巻で、亜熱帯の生命力に溢れた動植物を色鮮やかで繊細に描いた作品をじっと見ていると、まるで夢のなかの楽園に入り込んでいくような気分になる。

故郷から遠く離れた島で質素な生活を送り、縁談話も断って生涯ひとり身を通した。画壇からも認められず、人知れずこの世を去った。

それを多くの人は、気の毒だと思うかもしれない。生きているときに認められたら、もっとゆたかに暮らせたのにと。

しかし、「これさえあれば、なにもいらない」と思うものを持ち、ひとつの目的に没頭できるのは、なんと幸せなことだろう。そんな清々しい生き様は、誇り高く、うつくしい。まるで一村の神秘的な絵画のように。


一村はただ自己満足のために描いていたのではない。最期のときまで、個展の準備をしていたという。「死んだあとでもいい。いつか認められたい」という飢餓感と希望が、日々を支える強いエネルギーになっていたのかもしれない。

数日後、奄美市郊外にある田中一村終焉の家にも行った。ほんとうに小さくて質素な木造の家だ。長年住んだ借家からこの家に移った一村は「御殿のようだ」といって喜び、創作意欲に燃えていたとか。

夕食の準備中に、心不全で倒れて逝ってしまったのは、その10日後のことだった。台所の床には刻んだ野菜の入ったボウルが転がっていたという。

命日である9月11日には、毎年ここで地元の人たちによる一村忌が行われている。

推察するのは畏れ多いが、一村という人も「小さな幸せ」を見つけるのが得意な人ではなかったのか。小さな住まいを「御殿のよう」と喜び、生活費を捻出するために自分で育てた野菜を丁寧に調理して「美味しい」と喜ぶ。そうでなければ遠い島で、孤独のなか、生き抜くことはできなかったのではないか。

そして、奄美の花や鳥や動物に魅了され、その小さなひとつひとつの美に目を向け、丹念に描くことは、魂の喜びだったはずだ。

ここに来られて良かった。一村の生き様を通して、創作する者の覚悟と、幸せの本質を教えてもらったような気がしている。

ふたご座流星群で113個の流れ星を見る

奄美大島はとにかく星がきれいだと、ここに来る前から星空を撮るフォトジャーナリストのアラキさんがそれはそれは楽しそうに語っていた。

12月中旬はふたご座流星群が見られるというが、とくに2023年は新月に近く、月明かりがないため8年ぶりの好条件。全国でも見られる場所は、北海道、沖縄などかぎられていて、深夜0時以降、多いときは1時間に70個の流れ星が確認できるという。

アラキさんはその日、出張でいないため、私は流星群を見る時間、見る場所、見方などを細かく教えてもらう。かつて一晩で数個の流れ星を見たことはあるが、それでもラッキーだと思った。10個でも見つけられたら、忘れられない思い出になるはず。

あたたかい飲み物をポットに入れ、防寒対策をして、深夜0時に車で出発。向かうは、電灯の光がない、海岸線の駐車場だ。

空を仰いで、あまりの星の数にひとりで「ぎゃあああ」と叫ぶ。こんな星空、見たことがない。澄んだ冬空にぎっしりと満天の星がきらめいている。冬の天の川が見えるし、冬の大三角形も見える。

ふたご座が真上に来たとき、そのあたりから放射線状に流れ星が出てくる。南、東、西……とランダムで、上のほう、地上に近い場所など、どこに出てくるかわからないし、1秒前後であっという間に消える。駐車場の車停めを枕に寝そべって半球の天空をぼんやり見ていると、1～2分に1個はしゅんと流れた。

2～3個まとめて流れる星。長い尾を引いて流れる星、一瞬で短く消える星。大きく光る星。湾曲する星……。

10個見たら帰ろうと思っていたが、大きめの流れ星がだんだん多くなってきたので、30個まで、50個まで…と延長して、結局、3時過ぎまでいて113個見られた。

数年に一度のとんでもなくダイナミックな天体ショー、幸運過ぎる。

一瞬、「ひとりで見るのはもったいない。だれかいたら楽しかったかも」と思ったけれど、ひとりだから奄美大島に来て見られたのも事実。ひとりでも興味があって見ようと思わなければ見ないし。

ふたご座流星群は、地球とすい星の軌道が交わったときに見られる。すい星からふき出た砂つぶが、地球の大気にぶつかって、光を発するのだとか。

流れ星を見ると、気分が高まるものだ。いいことが起こりそうだし、ロマンティック。そして、遠い宇宙のこと、地球という星の一瞬の歴史など、遠くに遠くに目を向けると、人生の時間は一瞬だから、くだらないことで悩まず、幸せをしっかり味わおうではないかという気分になる。

流星群は、2024年は大きなものは見られず、2025年に夏、秋、冬とチャンスがあるようだ。流れ星を追いかけて旅をするのもありかもしれない。

西郷南州の暮らした家

滞在していた古民家とは別の場所に、長期滞在用の新しい家があるというので、途中、6日間だけ泊まった。コンパクトで機能的で、執筆にこもるにはちょうど良さそう。

また、歩いて数分のところに、かつて西郷隆盛が暮らした家があると聞いて、心が躍った。鹿児島県人であれば「西郷《せご》どん」は好きで、その歴史に触れてみたいと思うものだ。

西郷南州流謫《るたく》跡[*5]のある龍郷《たつごう》集落[*6]は静かな入り江にあり、ひっそりとしている。

薩摩藩の命に背いて、潜居を命じられた西郷は、1859年から3年ほど奄美大島で暮らし、龍《りゅう》家の娘、愛加那《あいかな》さんと結婚。一男一女が生まれた。

西郷が妻子のために建てた茅葺《かやぶ》きの小さいが立派な家が、当時に近い状態のまま残っている。6畳、8畳の2間続きで縁側があり、家のまわりをぐるりと亜熱帯の木々が覆い茂っている。集落には細い路地に石垣が続き、160年前とそれほど変わらないのではと思うほどの風情がある。

西郷は、奄美大島の自然と人びとに心癒やされたのではないだろうか。

この家は、龍家がいまも所有していて、末裔だという高齢の男性、龍さんが丁寧に説明してくれる。私は西郷も座ったであろう縁側に腰掛けて、その話を興味深く聞く。するど、この場所でしか聞けない話があれこれ出てきたのだ。

小説やドラマでは、愛加那さんは貧しい農民の娘のように描かれているが、龍家は、奄美大島で唯一、郷士として認められた由緒ある名家だったこと。西郷と愛加那さんの祝言には、多くの人が集まったこと。この家は西郷が自ら歩き回って、場所を選んだこと。近所に人を殺《あや》めて流罪になった元大工が住んでいて、家を建ててくれたこと。彼と西郷は気が合い、西南の役も一緒に戦ったこと。

愛加那さんのまたの名は「龍愛子《あいこ》」であること。66歳までここで暮らしたこと。息子の菊次郎さんが台湾から日本に帰るときに、会えるのを待っていたこと……。

そう、西郷隆盛と愛加那さんの息子、西郷菊次郎は台湾に赴任して働いていたのだ。

菊次郎は9歳で鹿児島の西郷家に引き取られ、アメリカ留学など英才教育を受ける。西南戦争で父と一緒に戦って右足を切断し、官軍である叔父の西郷従道《じゅうどう》のもとに投降。外務省を経て、日本統治下の台湾で宜蘭県の知事や京都市長として活躍した。

台湾に赴く途中では、奄美の愛加那さんに会いに寄ったというが、4年半後に帰国するときは、会うことが叶わなかった。

私は台湾で暮らしていたとき、偉人、西郷菊次郎の逸話をいくつも聞いた。

台湾の原住民が〝首狩り族〟と呼ばれていたころ、菊次郎は丸腰で通訳だけ連れて頭目（リーダー）に「氾濫する川の工事に協力してほしい」と説得しに行ったという。

頭目は「走って逃げられない足で来るなんて、肝の据わった男だ」と惚れ込み、原住民の人びとは菊次郎のために大いに働いたとか。

また、私がずっと気になっていたのが、宜蘭市の近くの蘇澳《スーアー》という地に、かつて西郷隆盛にそっくりの長男が住んでいて、菊次郎がときどき会いに行っていたという話だ。

台湾在住の日本人は「確たる証拠はない。そうであってほしいという作り話」というし、蘇澳で生まれ育った歴史研究家は「昔から、西郷の子孫が住んでいるという噂があった」と言っていた。菊次郎の妻が「台湾で兄弟の対面を果たした」と語ったとされる説もある。

「真実はどうなんでしょうね」と聞くと、龍さんは真剣な顔できっぱりと答えた。

「西郷は24歳のとき、確かに台湾に行っています。島津藩は奄美、琉球、台湾、中国を結ぶ貿易のルートと拠点を作ろうとしていた。西郷隆盛が密偵として台湾に滞在していたとき、世話になった漁師の家の娘との間に長男が生まれた。数十年後に菊次郎さんと会ったことも事実でしょう。台湾の子孫は途絶えたようですけどね。最初の子だとされる菊次郎さんがどうして〝次郎〟なのか、それが証拠ですよ」

台湾や鹿児島で見聞きした点と点が線でつながって、ぞくりと鳥肌が立つ感覚。表に出てこない歴史を、その地で知ること、感じることは、なんと幸せなことだろう。真実は藪のなかだが、わからないからこそロマンがあり、もっと知りたいとさらなる興味が湧いてくるのだ。

＊5　西郷南洲流謫跡　西郷隆盛が3年余りを過ごした家。当時の木造家屋が原形をとどめている。個人が所有・管理している施設で敷地も私有地。来館前には事前連絡をし、開館情報を確認。

＊6　龍郷集落　奄美大島にある龍郷湾に面した集落のひとつ。それぞれの集落には独特の文化が残り、島唄や八月踊りなどを通して先人の教えが伝承されている。

「西郷松本舗」を発見

龍郷湾沿いの道を走っていて、「あれ？　もしかしてここは……」と車を停めた。

「しいの実せんべい」「まめぼっくり」と書かれた看板が目に入ったのだ。

これなら知っている。いや、家の近所のストアにも売っているので、よく食べている大好きなお菓子だ。とくに「まめぼっくり」は、ピーナツを黒砂糖のカラメルで固めた手作りの豆菓子で大好物。カリッとした食感の素朴な味わいは、仕事の合間の糖分補給にちょうどいい。

「あのお菓子はここで作られていたのね」とうれしくなってくる。

店の前には「西郷松跡地」「西郷翁上陸之地」の石碑があり、「1859年安政6年正月西郷翁は、この土地に上陸し、この松にとも綱を結んだ」と書かれている。潜居を命じられた西郷隆盛が奄美に上陸する際、黒糖運搬船のとも綱を結び付けたとされる琉球松は西郷松と呼ばれて、長く愛されてきたという。

古い家屋の西郷松本舗に入っていくと、若めのおばあがにこにこしながら出て来た。店の手前が店舗、奥がお菓子を作る作業場になっている。

「私、まめぼっくりが好きで、ここ数年、よく食べていたんですよ」と伝えると、「へー。あなた、どこから来たの？」と聞いてきた。「まめぼっくり」を売っている店は、鹿児島では数店舗しかないという。販売している店がたまたま近所にあって、製造している遠くの島の店をたまたま通りかかったなんて、素敵なご縁ではないか。

一袋110円で、近所で買うよりお得なので、「20袋ください」と大人買いする。また食べたくなったら、ここに直接電話して送ってもらおう。

「西郷松って、大きかったんですよね」と聞くと、「それはもう、大人の男が4人で手を広げて囲むくらい大きかった。でもね、枯れたから10年前以上に切ってしまったの」と、無念そうに話す。

松は数年かけて外観が徐々に枯れていき、樹木医や大学教授など何人もの専門家が「中もすでに枯れて空洞になっている」と言うので伐採したところ、不思議なことに大木の中は空洞どころか、ずっしりと水分が行き渡り、息づいていたという。

西郷松を真横に切って作った、分厚い板のテーブルが、店の軒先に置いてある。たしかに健やかに育った大木のようだ。

「ほら、見て。切って10年も経つのに、いまだに松やにが出るの」「この木はいまも生きているんですね」なんて会話をしながら、樹木の生命力にしみじみ感動する。

店の庭にきれいに咲いている花々を見ていると、おばあが「サガリバナが咲いたのよ」

と連れて行ってくれた。そういえば、草花が好きな友人に奄美に行くと話したら「サガリバナが見られるといいね」と言っていたっけ。

夜になると花が開き、夜明けとともに散ってしまう、一夜限りの儚い幻の花。木から垂れ下がるように花が付くことから「サガリバナ」と呼ばれ、亜熱帯で6月の梅雨明けから8月までがシーズン。花言葉が「幸せが訪れる」というのも納得するほど、繊細でうつくしいピンクの花なのだ。

昼間というのに、私を待っていたかのように1個だけ、花が残っていた。おばあは「サガリバナってたくさんの蕾を付けて一夜で枯れていく。でもね。全部枯れてそれで終わりじゃないの。そこから下にさらに新しい茎が伸びて新しい蕾を付けていく。すごい生命力よね」と教えてくれた。

ほんとうに神秘的な花。南国の太陽と水と土壌が、そんな命を育んできたのだろう。

店先に売っていた葉っぱのついたパイナップルも買ったら、おばあは「葉っぱのところだけ切って庭に置いておくと、根が生えてパイナップルが採れるよ」とも教えてくれた。自分の庭がないので実践できなかったけれど。

南国の植物はたくましい。たくましく生きてこそ、うつくしい花や実をつける。

おばあは、開かないハイビスカスといわれるウナズキヒメフヨウの枝を数本切り取って、「これを持って行きなさい。土に挿しておけば、数年後に花が咲くから」と新聞紙に包んでくれる。自分の庭がないので、私はこっそり、泊まっていた古民家の庭の隅に挿した。

数年後、ここに来たら、花は咲いているだろうか。

まめぼっくりに惹かれて立ち寄ったお菓子屋で、思わぬ感動と学びがあった。これだから、ふらりと立ち寄るひとり旅はやめられないのだ。

奄美女子会

今回の3週間の奄美の旅は、多くの出逢いがあった。なかでも旅人同士として意気投合したのが、サユリさん。龍郷町で2棟ある宿泊施設の隣に滞在していて、すぐに仲良くなり、旅の間、何度も私の部屋でお茶したり、ご飯を食べに行ったりした。

山梨県出身のサユリさんは腰痛があり、暖かい環境を求めて奄美大島にやって来た。40代の独身で、フリーで旅行関係のリモートワークをしているという。

奄美には3カ月滞在の予定、これまでもハワイやバリ島、オーストラリア、沖縄など転々とノマド暮らしをしてきたようだ。

なんとなく似た境遇なので、「これからどこを旅する?」「どこで暮らす?」なんて話で盛り上がる。女子会のノリで、恋バナもする。サユリさんは清楚な美人で明るくて、モテそうなタイプだが、「私、男を見る目がないみたい。これまでだまされたり、お金をあてにされたり、浮気をされたりして良かったと思える恋愛は1度もない」ときっぱり言い切る。美人ならではの苦悩があったのかも。

気持ちがいいくらい正直で、のびのびと自分の道を歩いている人だ。

ある日、サユリさんとしゃべっていると、私たちの宿の手配をしてくれたリエさんがやって来た。リエさんは香川県出身で、大学の研究で奄美大島を訪ねてから、シマの唄や踊りの文化、人びとが自然と共存して生きている姿に魅了されて、たびたび通うようになり、移住した。奄美群島の空き家をそのまま貸し出すサブリースに取り組むNPO法人「あまみ空き家ラボ」を作って、80軒もの物件を管理しているというからびっくり。私が最初に「奄美大島に滞在したい」と相談したときも、親身になって要望を聞き、あれこれ手配してくれた。島の人たちからも愛され、信頼されている。

3人女子会のノリで、「リエさん、どこで暮らしているの?」とざっくばらんにプライベートなことを聞いてみる。考えてみれば、リエさんのことをなにも知らない。

「奄美大島の家は、台風が来たら吹き飛ばされそうな場所です。家賃は1年で1万円。それから沖永良部にも家があります。あと東京に夫が住んでいるので、3拠点生活ですね」

サユリさんと私は「へー。それはすごい」と感心する。多拠点のユニークな暮らしをしながら、こんなに気合の入った仕事をしているなんて。

リエさんも家族がいようといまいと、のびのびと自分の道を歩く人なのだろう。

今回の旅では、出張で奄美大島に来た同級生のタマミちゃんと、居酒屋で2人女子会もした。タマミちゃんはリウマチ内科クリニックを経営していて、私の主治医でもある。8年前、私が体じゅう激痛で歩くのも困難なときに助けてくれたのはタマミちゃんだった。

「海外取材の予定があるんだけど行けるかな？」という質問に「そんなの無理よ」と言われると思ったら、タマミちゃんは明るくきっぱりと「大丈夫よ」と言ってくれた。あの言葉にどれだけ救われたことだろう。そして言われたとおり、驚くほど回復した。

長く付き合う疾病なので、その後も服薬治療と検査のために2カ月に1回、受診に通っている。そんなタマミちゃんが、毎月1日だけ奄美で診察を行うために、前日の夕方、飛行機で奄美入りするのだ。

前回、私が鹿児島で診察を受けたときに、奄美大島に滞在する話をしたら、「じゃあ、奄美でご飯しようか」という話になった。よく考えると、タマミちゃんとは個人的に連絡を取り合うことはあるし、同窓生数人で集まることはあるが、2人だけでゆっくり会うのは初めて。

こんな機会を持てるのも、旅だからこそのギフトなのだと思う。

いつもと違うシチュエーションだからか、私たちは仕事のこと、家族のこと、日ごろの課題など、あれこれ語り合った。同窓会だと中学、高校時代の思い出話になりがちだが、2人だともっと深く打ち解けるような気がする。

タマミちゃんは数年前に遠距離再婚をして、週末は夫のもとに飛行機で通い、料理を作り置きするとか。多くのスタッフを抱え、毎日70人前後の診察をしているのに、ひとつひとつを気負うことなく丁寧にやってのけるタマミちゃんは、ほんとうにかっこ良くて心から尊敬する。そんな同級生が身近にいるだけで励まされるよう。

「結婚してすぐにコロナが始まったから、なかなか会えなくて……。やっと自由に移動できるようになったよね」と笑うタマミちゃんもまた、自分の道を歩く胆力のある人だ。

旅をしていると、ひょっこりだれかの人生と交差して、なんらかのシンパシーでつながる瞬間が、私はたまらなく幸せ。ほとんどの人が交わることなく流動して行くなかで、旅先で会って話したいと思う人は、やはり縁のある魅力的な人だ。

石窯で焼き立てのメロンパン。
奄美では「海辺でパンとコーヒー」が
日課になった。

旅の道連れは、音楽、カメラ、ノート

「長い旅行に必要なのは大きなカバンじゃなく、口ずさめるひとつの歌さ」

これは、私がひとり旅の師匠として尊敬してやまないスナフキンの言葉。

私たちは旅をするとき、あれもこれもと荷物を詰め込んでしまいがちだが、それは体も心も重くなってしまう。形のない歌ひとつのほうが、旅をご機嫌なものにする力を持っているのだ。

音楽というのは私たちの心に寄り添って癒やしたり、元気にしたり……と旅を盛り上げてくれる。私の場合、飛行機や車のなかなど移動中にイヤホンで聴くことが多いので、普段、「あ、この曲好き」と思ったとき、「お気に入り」のフォルダーに入れておく。素敵な旅のために、素敵な曲を準備したい。別れ、始まり、孤独などそのときの気分にピッタリとはまり、同じ曲やアルバムを、旅の間中、繰り返し聴いていることもある。

また、私にとってカメラも旅をご機嫌にしてくれるもののひとつ。持ち運びに便利な小型軽量のミラーレス一眼カメラを使っている。

きれいな風景や食べた料理、出逢った人など思い出や感動を残したいこともあるが、ひとり旅だからこそ、カメラを存

分に楽しめるのだ。人と一緒だと「ちょっと待ってて」と気を遣いつつバタバタ撮ることになるが、ひとりなら撮る角度や設定を変えたりして、気の済むまで自由に撮れる。

それに、カメラを持つことで、自然と被写体を探そうとするので、普段見逃しているような小さな発見がたくさんある。「こんなきれいな花があるんだ」「この路地裏の風景がノスタルジック」と、素敵なものに出逢える確率が高まる。

私にとって小さめのノートも旅のお供。新しい体験をしたり、ひとりで散策したり、景色を眺めていたりすると、いろいろな感動や気づきやアイデアが湧いてくる。

「これは忘れたくないな」というときは、頭のなかの思いをすぐさまキャッチしてキーワードだけでも書き留める。車の運転中、本のアイデアが浮かんできたら、停車してメモする。

どんなに貴重な体験をインプットしても、アウトプットしないかぎり、記憶は瞬く間に失われていく。「書き出す」という作業もアウトプットのひとつ。その瞬間の感動や思いを1枚の写真のように永久保存できるのだ。

ひとり旅をご機嫌にするのも、つまらなくするのも私たちの心持ち次第。「音楽、カメラ、ノート」のアイテムは、旅のなかに転がっている小さな幸せを見つけやすくしてくれる。

point 18

ひとりだからこそ、ホテルの〝おこもりステイ〟

〝おこもりステイ〟とは、その名のとおり、ホテルや旅館にこもって過ごすこと。観光を目的にホテルに滞在するのではなく、ホテル滞在そのものを目的とする旅だ。

　私は執筆のカンヅメや、病気療養の温泉湯治で旅館にこもることがあるし、仕事が一段落したときや、自分の誕生日など、「ひとりお疲れさま会」「ひとり作戦会議」などと称して、自分に〝宿泊〟をプレゼントする。

　たとえば、お気に入りの歴史ある旅館に泊まり、温泉三昧。なんの予定も決めず、敷地内の森を散策したり、館内の図書館で本を読んだりして、のんびり過ごすだけで、心が満たされる。

　会社員のときは、遠くに行かなくても近場のホテルで週末を過ごす〝ステイケーション〟をたびたびやっていた。飛行機や新幹線などの交通費がかからない分、ちょっといいホテルに泊まって、手軽にリフレッシュできる。

　昨今は「おひとり様歓迎プラン」も多く、食事場所の確約、ラウンジ利用、レイトチェックアウト、エステ付きなど、さまざまな特典付きがあって、ひとりでのおこもりステイがしやすくなったのはうれしいかぎりだ。

地方に住むある友人は、年に1~2回、旅行会社のパッケージツアーを利用して、東京の外資系ラグジュアリーホテルにひとりで泊まりに行く。彼女のこだわりは2泊3日で、観光もショッピングもせず、ほとんどホテル内で過ごすこと（1泊では高級ホテルのすばらしさを味わい尽くせないらしい）。ホテルのプールやジムなど存分に利用すること。食事は無料のラウンジで済ますか、外食するときはホテルから予約してもらうことなど。

いまではほとんどの外資系ホテルを制覇。普段は高校教諭をしている彼女にとって、ぜいたくと脱日常を味わう機会になるだけでなく、一流のサービスや空間を経験することが授業や進路指導などで役立っているとか。

私も彼女が泊まっているとき、ホテルに会いに行ったことがあるが、昼間だとスタッフも手が空いているのかホテルの歴史について教えてくれたり、夜はバーテンダーや隣の客とおしゃべりが弾んだりして、心に残るひとときだった。

飛行機や新幹線のチケットと一緒になったパッケージツアーだと大幅にディスカウントされるので、自分への特別なプレゼント、特別な経験になるはず。

ホテルステイをひとりで過ごせるのは、心が自立しているからこそ。ラグジュアリーなホテル、歴史ある旅館にひとりで身を置いてもサマになる大人の女性になりたいと思うのだ。

会いたい人に会うためのひとり旅

この本に書いてきたように、私の旅は、「会いたい人に会うためのひとり旅」が圧倒的に多い。

ひとり旅だからこそ、この目的が成立する。

長年ファンだった女性作家に会うために、台湾に午後に着いて一緒に食事をし、翌朝帰ってきたこと。ウルグアイの元大統領夫人ルシアさんを取材するために2度、南米を往復したこともある。

2023年は、イスラエルから帰国中の友人に会いに行ったり、北欧で友人を訪ねたり、その友人たちと江の島や東京で再会したり、マレーシアで友人と合流したり。人と会うことが目的で、観光はサブテーマのようなものかもしれない。

景色がきれいだから行くのではなく、美味しいものがあるから行くわけでもない。会いたい人がいるから、その場所に行くというのは、なんとドラマチックなことだろう。いや、実際なにかしらドラマが生まれるのだ。

ある夏の日、瀬戸内海に浮かぶ、芸術の島、直島（香川県）で、年に数回会う友人と現地集合して、観光をしたり美味しいものを食べたりしながら、おしゃべりを存分に楽しんだ。そのあと、私はある女性にドキドキしながら電話をした。

ずっと会いたかった人がいる。私の本を読んで、とても心あたたまるお手紙をくださった90代の女性が、香川県に住んでいたのだ。

ご主人を亡くされて一人暮らしをされている女性で、私の著書『孤独を楽しむ人、ダメになる人』（PHP研究所）という本で、前向きになれたという。私はその手紙を読んでとても感動して涙が溢れ、手帳に挟んで、いつも励まされていた。

その方に電話をかけて「いまわりと近くにいるんです」と言うと、「えー！ほんとうですか？　ぜひ家にお越しください」というありがたいお言葉。すぐさまレンタカーを運転して会いに行った。

90歳と思えないほど生命力に溢れて、上品で聡明な女性だった。

年が離れていても、境遇が違っても、私とその方の間には「孤独」というテーマがあって、初対面とは思えないほど深い話を3時間ほどした。

勇気を出して会いに行って良かった。その方との数時間は、私にとって一生の宝物だ。


「会いたい」「また会いたい」と思える人がいることは幸せなこと。そして、実際に会いに行けることも幸せなことだ。

会いたい人には、できるだけ早く会いに行こう。けっして後悔をしないように。

会いたい人に会うためのひとり旅には、感動のドラマと幸せが溢れている。

point 20

旅の予習・復習は、映画とYouTube

私は旅をするとき、観光ガイドブックや旅エッセイは読まない。昔は事前にくまなくガイドブックで予習していたものだが、いまは行く前に大まかな情報だけ調べて、あとは「行っている最中、または行った後で調べる」というパターンになった。

観光地やレストランの詳細を事前に把握しておくと、「はいはい、これが有名な○○ですね」と、〝答え合わせ〟をしている感覚になる。

それよりも、ざっくりした情報だけで飛び込んだほうが、自分のアンテナがより敏感になる。その場でなにを発見して、どう感じるかも面白い。

たとえば北海道の稚内で「樺太記念館」に行って興味が湧き、さらにネットで地理や歴史について調べてみる。湿原をドライブしている途中、Googleマップで近くにランチの店や、温泉がないか検索する。温泉の泉質や効能についても調べる……というように。

「知りたい！」と渇望したときが、いちばん効果的に情報に辿り着き、自分のなかにも落とし込まれるのだ。

ただし、現地の人と話す機会があるときは、その土地の歴史や地域のニュースなどを知っていると、深い話ができたり、会話が弾んだりするもの。

奄美大島で「西郷南洲流謫跡」に行く直前には礼儀として、西郷の妻、愛加那さんの生涯についてネットで予習してから訪ねた。


ガイドブック代わりに予習、復習として利用しているのが、現地が舞台になった映画だ。デンマークに行く機中で観たのが、世界初の性別適合手術をした人物を描いた『リリーのすべて』だった。人もインテリアも風景も美しくて、デンマーク人の美学が象徴されているようで、さらに興味が湧いた。

稚内から帰ってきてから観たのは、樺太から引き上げた母子を描く、吉永小百合さん主演の『北の桜守』。訪ねたばかりのスポットが何カ所も映画のシーンで出てきて、早くも懐かしく振り返った。

昨今は、旅系ユーチューバーが発信している情報も、リアルで面白い。私はSFC修行（242ページを参照）の動画、世界中をひとりで旅する動画などを単純に好きで観ているが、触発されてまた旅に出たくなる。「いつかここに行こう！」とGoogleマップに印を付けている場所が何カ所もある。

旅の予習、復習はしなければいけないものではないので、興味があることを自分に合った方法で知ろうとするのがいちばん。

旅先で「疑問に感じたことはすぐにスマホで調べる」という習慣を持つだけでも、旅の感じ方はより深くなっていくはずだ。

ＡＮＡ「ＳＦＣ修行」に挑戦してみない？

「ひとり旅をするにあたり、なにか目標を決めよう！」と、旅を盛り上げるために抱いた野望がある。

それはＡＮＡ（全日空）の飛行機に乗りまくってポイントを貯め、「ＳＦＣ（スーパーフライヤーズカード）」を手に入れることだ。

ＳＦＣとは、上級会員と同等の扱いを半永久的に受けられるクレジットカードで、取得方法は2つある。

飛行機に乗ることでしか獲得できないプレミアムポイント（ＰＰ）を1年間（1／1〜12／31）に

①「5万ＰＰ以上獲得」

または、

②「3万ＰＰ獲得＋ＡＮＡカード・ＡＮＡ payの決済額合計が400万円＋ＡＮＡの7つ以上のサービス利用を達成」

この①と②の2つのうちいずれか。で、私は①を選んだ。

マニアの間では、ＳＦＣを獲得するためにひたすら飛行機に乗ることを〝ＳＦＣ修行〟と呼ぶ。つまり私はこの1年、〝修行〟、やっている人たちを〝修行僧〟だったわけだ。

「5万ＰＰ」というのは、かなり高いハードルで、たとえば、早割チケットで東京－那覇を9往復するくらいの移動距離と回数が必要。国内外を出張で飛び回るビジネスマンでもないかぎり、体力的、経済的、時間的に厳しい苦行である。

そこで私が取った「プレミアムポイント（PP）を効率よく貯める作戦」は……。
＊PPの積算率が高いクレジットカード（ANAアメックスプレミアムカード）に変更
＊マイルを稼げる国内長距離路線、アジア路線に乗る
＊年に何度かあるPP2倍キャンペーンを利用（特に国際線は一気に貯まる）
＊プレミアムクラスの座席にアップグレードして、1区間の積算率を上げる
……というように、たいへんお金のかかる挑戦だったが、せっせとPPを貯めた結果、12月末にめでたく〝解脱〟した。

一度SFC会員になると、クレジットカードの会費を払い続けるだけでプラチナステイタスを維持できて、ラウンジ利用やチェックイン・搭乗・手荷物・座席のアップグレードなどの優先サービスを家族も受けられる。しかも、ほぼ一生。

もはや自己満足でしかないが、年始に決めた目標を達成するというのはうれしいものだ。

それにSFCをゲットしたことより、1年間あちこち旅した経験こそ、私にとって宝物。ひとり旅のモチベーションを保つために、「修行僧」になってみるのも悪くない。

マレーシア

スマホひとつでスマートに生活ができる

空港ラウンジでゆったり

2023年最後の旅は、マレーシア。もともと、友人と「クアラルンプールのニューイヤーマラソンを走ろう！」なんて大それた夢を見て、エア・チケットも取っていたのだが、母の体調が急変してキャンセル。今年はもう旅はしないと思っていた。

しかし、母が逝ってしまったあと、私は心にぽっかり穴が開いたことや、「人生はあっという間に過ぎるから、やりたいことはいまやろう」と考えたことから、チケットを取り直したのだ。

現地3泊の短い旅だが、それでもマレーシアの空気を感じるには、じゅうぶん。ちょうどANAで海外便ポイント2倍キャンペーンをやっていて、今年中に往復すれば「SFC（スーパーフライヤーズカード）修行」が終わり、〝解脱〟する。つまり、めでたく1年間で5万ポイント達成して、SFCというANAの上級会員資格を半永久的に持つことができる……という浅ましい企みもあった。

そして、マレーシアに行くのには、もうひとつ目的があった。

私には漠然と「世界のあちこちで短期滞在、長期滞在したい」というテーマがあり、似たような考えを持つ友人、裕美さんと話すたびに、候補としてマレーシアが挙がっていた。

今回、その台湾在住の裕美さんとも現地で合流する予定だ。裕美さんは26年以上台北でさまざまなビジネスを展開している。かつてはいくつもの飲食店を経営していたが、いまは「龍羽ワタナベ」として占い師を育てる先生、大学の助教授、テレビ番組のコメンテーター、女優などマルチに活躍。私とほぼ同じ年代で、母が病気で厳しい状況にあるとき、たびたび話を聞いてもらっていた。

マレーシアには、それぞれ観光では何度か行っている。今回は「暮らす」という視点で、空港と首都KL（クアラルンプール）の中間にあるプトラジャヤという街を訪ねてみようという話になった。

その街は、マレーシアの行政機能を移すため、ここ数十年でジャングルを開発した新興都市で、街全体が新しく、整然としている。また、住人の多くは政府関係者で治安が良く、海外に行くにも国内をめぐるのもアクセスがいい。タイやベトナムなどは英語が通じないことが多いが、ここでは大抵、拙い英語でも会話できる。

私はプトラジャヤのダブルツリーbyヒルトンに宿泊。裕美さんはとなりのサイバージャヤというＩＴ開発が盛んな街のアパートメントに1週間近く滞在することになった。

5つ星ホテルに1泊1万円ちょっとで泊まれる物価もうれしいかぎり。

長い付き合いの裕美さんとは何度も一緒に旅をしているが、あまり予定を決めず、そのときの流れでひとり行動をしたり、一緒に行動したりとゆるい旅のスタイル。だから、心地よくて、台湾と鹿児島で離れているのに、年に何度も会っているのかもしれない。

今回は彼女が1日早く現地入りするはずが、飛行機の大幅な遅れで、到着がほぼ同時刻になり、ならば空港で合流しようということになった。

「ひゃあ、久しぶりー！　いや、先々月、会ったっけ？　よく会ってるよね」なんて無事の再会を喜んだものの、時刻は朝8時。「ホテルもアパートメントも入れないから、空港のどこかのカフェで時間をつぶそうか」とトボトボ歩き出した。

その数分後、裕美さんが「ねぇ、あのラウンジ、使えるんじゃない？」と2階を指差す。「さすが、よく見つけたわね」と受付でそれぞれプライオリティーパスを提示。便利な機能を使って、食べたり、飲んだり、尽きないおしゃべりをしたりしてゆっくり時間調整ができた。

クレジットカードに付帯していた「プライオリティーパス」というカードを使ったのは、じつは今回が初めて。世界140以上の国で使えるというが、日本国内で使える場所はほとんどない。最上級会員であれば別だが、クレジットカードやプレミアムチケットで利用できるラウンジは、ビールやコーヒーなどほぼ飲み物だけ。今回のラウンジは料理もデザートも充実していて、シャワールームもあり、席もゆったりしている。まるでホテルのラウンジみたいだ。

料理のなかでいちばん感動したのは、ラクサという麺料理。日本のラーメンと同じで、ご当地、各店舗によってそれぞれ味が違うというマレーシアのソウルフードだ。

ラウンジでは、注文するとその場で若いスタッフがフォーのような米麺を茹でてくれる。ココナツミルクが入ったクリーミーな魚介スープでコクがあり、ハーブやスパイスも利いて、お腹いっぱいなのにおかわりしたくなるほど。

「これ、ぜったい食べたほうがいいね」と、会って早々、美味しいものに遭遇した幸せを分かち合う。マレーシア料理ってこんなに美味しかったっけ。

ラクサは「多い」という語源があるとか。もともと10以上の小さな王国の集まりで、民族も宗教も多種多様なマレーシアという国を象徴しているよう。これまで見たマレーシアとは違う顔が見られそうで気分はかなり上がっていた。

ピンク・モスクと遊覧船観光

観光としてまず向かったのは、プトラ・モスク。[*1] ピンクで彩られた通称ピンク・モスクは、世界的にも珍しい。プトラジャヤ湖に映った姿は、お姫様が住む宮殿にも見えるし、巨大な要塞にも見える。

入り口で赤茶色のガウンを借りて着用し、モスクの中に入る。外観のドームは花崗岩のピンク、天井も柱も絨毯《じゅうたん》もすべてピンク。ピンクといっても上品でやさしい色合いで、よく見ると、ピンクで塗りつぶされているのではなく、ピンクの幾何学模様になっている。ドームの内側を見上げると、ため息が出るほど緻密な造形でうつくしい。

観光客の端のほうでは、熱心に祈っている信者もいて、普段使いもされている。

プトラジャヤに行政機能が移転する際、1999年、真っ先にできたのが、このプトラ・モスクだった。さすが国民の半数以上がイスラム教徒の国。街造りと宗教施設はセットなのだ。

プトラ・モスクのすぐそばには、遊覧船乗り場があり、せっかくなのでと乗ってみる。プトラジャヤ湖をぐるりと1周する45分間のクルーズだ。

街の中央部にあるこの大きな湖は、都市の冷却システムのために造られた人造湖というから、スケールが大きい。湖を囲むように、国会や裁判所など主要な行政機能も作られた。ついでにいうと、私の宿泊するホテルも湖のほとりで、朝夕に散歩するのが楽しそう。

「湖から見るピンク・モスクは、最高にフォトジェニック」と聞いていたが、たしかに水面にピンクのモスクが映り込んで絶景。隣の奥に見えるのは、首相官邸。みどりの玉ねぎが乗っかっているような屋根が特徴的だ。

楽器のハープのような近未来的なセリワワサン橋、7〜8割が鉄でできている通称〝アイアン・モスク〟、調和が取れたデザインの高層ビル群など、個性的な建造物がつぎつぎに現れる。ジャングルだった土地に、ここ数十年でできた街なので、ともかく造りがダイナミック。

流暢な日本語で「こんにちは」と挨拶してくれたクルーズ船の若いスタッフに「プトラジャヤは住みやすい？」と聞いてみたら、「そうでもありません。ここは物価が高いです」と言っていた。昔ながらの市場や飲食店はなく、どれもが新しい店やチェーン店だという。高額所得者の政府関係者の多くが住んでいるので、必然的に物価も高くなるのだろう。

彼は静岡県にホームステイしていたこともあり、日本語はネイティブ並みだったので、

「発音がすばらしいですね」と褒めたら、「いえいえ、まだ勉強中です」と謙遜していた。

あちこちで接するマレーシア人は、大抵、ニコニコして穏やか。自己主張してくる圧迫感がなく、話し掛ければ、やさしく返してくれるので、とても心地いい。

季節は雨季だが、ちょうど天気が良くクルーズ船のデッキに出られたので、涼しい風に当たりながら、この国のことをあれこれ考える。

かの青年は、マレーシアの経済は「ここ最近は、それほど伸びていない」と言っていたけれど、「東南アジアの優等生」と呼ばれるほどの安定感で、成長率は日本の数倍はある。街はどんどん広がり、人口もどんどん増えている。


国民性や環境の要因もあるが、きっと政治の力も大きい。とくに、1981年から25年、首相を務めたマハティール元首相は、日本や韓国の仕事や経済に対する哲学を学ぼうと「ルックイースト政策」を打ち出し、経済発展を目指した。

2018年に世界最高齢の92歳で首相に返り咲いたのは、記憶に新しい。

現在は役職を退いているが、世界に対してたびたび的確なコメントを表明し、ご意見番のような存在だ。経済が落ち込み、国民の生活がゆたかにならない日本に対して、「いまの日本にも学ぶことがある。それは日本の失敗からだ」と言ったという話もある。海外に来ると、必然的に「他国から見た日本」を意識する。

また、見知らぬ街を眺めていると、その場所の文化や経済、政治など面白い特徴に触れて、「どうしてこうなっているのか」と頭のなかのコンピューターがあれこれ考え続けている。

そして、つくづく自分の「無知の知」を知り、もっと知りたいと思う。

そんなふうに考える機会、知る機会を持つことが、ひとり旅の醍醐味のような気がしている。

＊1　プトラ・モスク　モスクとはイスラム教徒の礼拝堂のこと。このモスクの全体の4分の3は、ウォーターモスクとしても知られ、ブラット湖上に建てられている。入場時には肌を露出しないようにする決まりがある。

Ｇｒａｂを使いこなす

今回の旅の交通手段は、ほとんどＧｒａｂ（グラブ）という自動車配車アプリを利用した。

ここに来るまでＧｒａｂの存在を知らなかった。台湾ではＵｂｅｒ（ウーバー）をタクシー代わりに使っていたので、マレーシアもそれで通用すると思っていた。が、使えなくて焦った。聞くところによると、マレーシア発祥のＧｒａｂが、多国籍企業のＵｂｅｒを追い出してしまったらしい。

Ｇｒａｂは簡単にダウンロードできて、クレジットカードと紐付けすると、即、使えるようになった。

使い方はＵｂｅｒとほぼ同じで、最初に行き先と、現在地を入力する。車の大きさ、ランクなどから、最初にいくつかの価格が提示されて、利用者がそれを選ぶ。するとその条件で来てくれる近くのドライバーを見つけてくれる。

タクシーのような車ではなく、いわゆる〝マイカー〟だが、車の色やナンバー、ドライバーの名前、いまどこにいて何分で来るかも一目瞭然だし、場所の特定も精度が高いので、言葉で説明しなくても、ちゃんと目の前に迎えに来る。「ビルのなかの駐車場」などわかりにくくて心配なときは、待っている場所の写真を撮影する機能を使ったら、バッチリ正確に到着した。

とにかくアプリ操作がシンプルで感覚的。もちろん、操作ボタンはすべて日本語。旅行者だからと高く取られる心配もない。それに、ほんとうに安いのだ。10キロ圏内なら数百円、20キロでも1000円ほど。ひと言も会話しなくても、お金を持っていなくても、ドアtoドアで目的地に連れて行ってくれるなんて、最高ではないか。

私はよくホテルから頼んだが、玄関で待っていると、ベルボーイが「Grab？ 車のナンバーは？ OK！ 来たら呼ぶから、ソファーで待ってて」と誘導してくれた。帰国する際、ホテルのフロントで、空港までのタクシーを呼ぼうとしたら、「Grabのほうが簡単で安いよ」と言われたほど。たしかに、5分の1以下の値段だった。

車中では、気分によって、黙っていたり、会話したり。どちらも流暢でない英語なので、気がラク。気分がのったときは「今日は雨が降ると思う？」「どこの出身？」「おすすめの料理は？」などと聞くと、大抵は楽しく会話してくれる。

降車後に、ドライバーの簡単な評価があり、チップも選べる。とても良かったと感じたら、感謝と敬意を表して星5つでチップも加える。といっても、数十円だけれど。

あまりにも便利なので「Grabさえあれば、ここで暮らせる」と思ったほど。「Uber

らしい。

Eats」のような飲食店のデリバリーや、店舗で飲食したあと、お金を払える機能もある

初めての土地でも、そしてひとりでも、移動すること、食べることが、スマホひとつでできるとは、なんて便利な世の中になったのだろう。

地図をぐるぐる回し、何度も道に迷い、不安にかられながら、目的地まで行っていた時代もあれはあれで良かったが、いつもそれでは身が持たない。

これからは便利なものは存分に使って、スマートに旅をしたいと思うのだ。

「暮らす」という視点で旅をする

「ここに住んだら、どんな毎日になるんだろう」

私にはそんなふうに妄想して、ワクワクと楽しむ特殊なクセがある。

ほとんどは妄想だけで終わるが、ときには「ここに住みたい！」と、アクセル全開になり、何度も住まいを変えてきた。まさに「旅するような暮らし」で、生活も広い意味では〝ひとり旅〟だと感じている。

ここ数年は、コロナ禍や母のことがあり、わりとじっとしていた。これからは「1週間暮らす」「1カ月暮らす」という中短期滞在も含めて考えていきたい。

裕美さんが隣街のサイバージャヤに1週間弱借りたアパートメントを見せてくれるというので、ワクワクしながら、Grabで向かう。

1階にある飲食店街で待ち合わせて、まずは部屋が入っている高層ビルのツアー。飲食店街はマレー、中華、韓国料理、和食などレストランとカフェが30軒以上はある。クレジットカードしか使えないスーパーマーケット、書店、日用品の店舗なども充実。レジデンスエリアは、ランニングができそうな庭園や、保育園、図書館、ジムなどがあり、高層階には空とつながって見える巨大なインフィニティプールまである。しかも利用している人があまりいなくて、ほぼ独占できるというぜいたくさ。

マレーシアのマンションはきれいで、共有スペースや設備が整っていると聞いていたが、これほどとは。とくにこのあたりは、郊外の新しい住宅地だからかも。

裕美さんが借りた部屋は高層ビルの6階で、35平方メートルほどのワンルーム。長期滞在ができるように、キッチンや洗濯機が付いている。バスルームはシャワーしかないが、暑い国なのでそれでじゅうぶん。

これが1泊5000円以内で借りられるというから、かなり現実的。Grabで下のレストランにデリバリーを注文し、部屋にこもって仕事をするのもいいが、カフェや図書館にパソコンを持ち込んで集中し、帰りにレストランに寄るのもありかも……と妄想はどんどんふくらむ。我ながら、なんと幸せでお気楽なクセだろう。

ひとつだけ気になったのは、2棟並んだ高層マンションをつなぐ艀《はしけ》のような機能の通路が、高層になるほど、ズレて斜めに傾いていること。もしかしたら寸法を間違えて、少しずつズレていったのではないか。

台湾在住の裕美さんが、「南国になるほど、いろいろとゆるくアバウトになってくるよね」と言っていて、私も激しく同意。建築物だけでなく、店の造り方、部屋の掃除、料理の盛り付けに至るまで、なんでもアバウトに見えてしまうのは、日本人の基準だからかもしれない。

高層階からの眺めはすばらしく良くて、ジャングルが勢い良く開発されていく様子が、ハッキリ見てとれた。とんでもないスピードで大都市を造ってしまうのだから、これくらいのアバウトさでないと、先に進まないはずだ。

安全面や契約ごとでは気をつける必要があるが、少々の間違いは「ま、いっかー」で片付けて進む空気は嫌いじゃない。

マレーシアが、中短期で住みたい場所の候補に加わった。

高級中華で誕生日サプライズ

マレーシア滞在2日目は、たまたま私の誕生日。裕美さんが「誕生会をしましょうよ」と、ル・メリディアン・プトラジャヤという5つ星ホテルの中華レストランを予約してくれた。

ちょうど共通の男性の友人、Tさんが、マレーシアに来ていて、紳士淑女3人でのとても豪華な晩餐だ。

「マレーシアの中華は洗練されていて、ほんとうに美味しいんですよ」とTさん。なんでも広東、上海、四川などさまざまな中華料理のいいところ取りで、上質なものに磨かれていったという。しかも、海の幸が豊富なため、素材も優れている。

3人ともお酒を飲めないので、甘い香りの金萱茶《きんせんちゃ》から始まり、前菜はさつまあげのような魚のすり身の天ぷら、そして野菜とキノコの炒め物、大海老の蒸し焼き、雑穀米の炒飯など、ありそうなメニューでもひと味違う上質さ。見たことのない野菜が入っていたり、ハーブが加わっていたり。イスラム教の影響で豚肉はあまり使わないので、酢豚は、鶏のつみれにイチゴ、パイナップル、ブドウなどのフルーツが混ざって甘辛いタレがかかっている。これが、絶妙な組み合わせで美味しい。

「あぁ、お腹いっぱい。そろそろ行きましょうかね」と裕美さんが言って、私も席を立とうとしたら、スタッフがバースデーケーキを持ち、「ハッピーバースデー・トゥー・ユー」を歌いながら歩いてきた。

支配人もやって来て、みんなで歌ってくれる。なになに？　こんなサプライズ、初めて。ちょっと泣けてくるじゃないの。

異国の地で、誕生日を祝ってもらえるなんて、うれし過ぎる。誕生日ケーキのろうそくをふーっと吹き消すのは、何十年ぶりだろう。

ここしばらくは、誕生日をひとりで過ごすことが多かった。それでいいと思っていたけれど、だれかに祝ってもらうって幸せだな。それが大切な友人ならなおさら。

この日のことは、きっと一生忘れない。そして、私も誰かの誕生日を祝ってあげたいと思う。


帰りに、ホテルの隣にあるＩＯＩ（アイオーアイ）シティーモールというショッピングモールを散策した。マレーシア最大のモールで、広さは東京ドーム約5個分、650もの店舗があるというから驚き。何カ所も吹き抜けになっている箇所があり、そのスケールの大きさに圧倒される。

単にショッピングをする場所ではなく、大きなアイススケートリンク、ボウリング場、ゲームセンター、カラオケなどありとあらゆる遊び場があり、レジャー施設にもなっている。

店舗は、世界ブランドはもちろん、日本企業もニトリ、ユニクロ、ドン・キホーテ、ベスト電器、無印良品、ファミリーマートなど主要なものが揃う。ファッション、レストラン、家電などエリアが分かれているのではなく、ごちゃごちゃで、なにが出て来るかわからないのが、これまた南国のアバウトさか。

さらに南国らしく閉店は22時。夜遅いというのに、子どもがたくさん走り回っているのにびっくり。ファミリーで来ていて、平均すると3人の子ども。4~5人の子どもを連れているのもめずらしくない。また、お年寄りが車椅子を押してもらって来ているのも目立つ。高齢者にもやさしい国ということか。

「子どもの多さって、イコール国の発展だよね」と3人でしみじみ話しながら歩く。歩いても、歩いても、いちばん端には辿り着かず、全部を見ることはできないが、マレーシアの底力を実感することができた。

たくさん食べて、たくさん歩いて、たくさんはしゃいだ誕生日の夜だった。

中華系マレーシア人と卓球交流

「クランという街に、卓球交流をしに行くけど、一緒に来る？」

裕美さんが誘ってくれたので、お言葉に甘えて、Tさんと一緒にくっついて行った。

彼女はここ数年、卓球の練習に勤しんでいる。そして、国内外で旅をするたびに、その土地の卓球場や卓球チームを探して、卓球交流をしているのだ。

2024年7月、ローマで開かれる卓球「世界マスターズ選手権大会」にもエントリーしていて、参加者同士のネット交流で、「男女ペア募集」をしている中華系マレーシア人と知り合ったという。その男性、シュウさんがクランという街に住んでいて、会員制の「ロイヤル・クラン・クラブ」という施設に招待してくれたというわけだ。

サイバージャヤから45キロ離れたクランという街は、マレーシア最大の貿易港クラン港があり、古い街並みが残っている。プトラジャヤ、サイバージャヤのような新しく清潔な街もいいが、古くて雑然とした街も情緒があって、興味をそそられる。

私たちは卓球交流の2時間前にGrabで到着して、クランの街を散策する。

歩いて回れる近距離のなかに、道教の廟、キリスト教の教会、イスラム教のモスク、ヒンズー教の寺院があって、どれも歴史ある建築だ。

クランにはインド人街もあり、インドの食料品、衣料品、インテリアなど、なんでも揃う。インド綿やシルクの衣服は肌触りがいいし、アルミの食器類もかわいい。あれこれ物色して結局、買わなかったけれど。昔はよく「安い！　かわいい！」とお土産を買っていたけれど、いまは他人へのお土産はほとんど買わず、自分のものも趣味に合ったものだけだ。

それより私が興味をそそられたのは、そこにいるインド人たち。男性は裸に近い格好で座り込んでいたり、サリーを着た高齢女性たちが食料を籠いっぱいに抱えていたり。痩せているのに、ギラギラとした目で、なんというか、原始的な生命力を感じるのだ。

私がインド南部の街ケーララに行ったのは20年以上前だが、まるでそのときにタイムスリップしたよう。近未来的なプトラジャヤとは真逆の世界だ。

卓球交流の前に軽く食事をしておこうと、繁盛しているカレー屋さんに入ると、そこでも「これは21世紀の店なの？」と店のインド人スタッフたちに打ちのめされる。

若い男性従業員がうじゃうじゃといるが、なにもしないでおしゃべりをしている。「ラッシー3つにチキンカレーとナンね」と注文をすると、それが覚えられなくて3回聞きに来た。そのたびに「ラッシー3つ、チキンカレー、ナン……」と、ヘラヘラ笑いながら一緒に復唱する。メモを取ろうともしない。結局、間違った料理を持って来る。ラッシー3つを持ってきただけで「どうだ、間違わなかっただろう」という顔をする。若い女の子たちが来ると、みんなでそちらに行って話し込んでしまう。まるでコントをやっているよう。まったく仕事をやる気がないのだ。

「まったく。南に行くほど、男はゆるくなって行くのよね」と、台湾で会社を持ち、多くの従業員を抱えてきた裕美さんがつぶやく。

「でも、しようがない。これがこの人たちの普通なんだから」と私たち3人は納得する。

生物学的には、彼らのほうが自然で元気な姿なのかもしれない。

カレーはさすが繁盛店だけあって、感動の美味しさであった。

ロイヤル・クラン・クラブのゲートでは、シュウさんが待っていて、まず施設を案内してくれる。こちらはハイソサエティーの別世界。もともとイギリス将校が娯楽と交流の場として1901年に造られた伝統ある施設で、卓球場だけでなく、プール、スカッシュ、ビリヤード、カラオケ、露天風呂、レストランなどがある。

クラブにいるのは、ほとんどが中華系マレーシア人。見るからに上流階級の華橋マダムたちがお茶をしているのも映画のようで、なかなか見られない光景だ。

シュウさんもインテリな紳士で、電気関連のエンジニアを定年退職したあとは、世界各地の卓球の大会に参加しているという。経済的に余裕があり、選ばれし者だけが、このクラブに集えるのだ。

卓球台が4つある体育館に集まってきたのは、50代60代の男女10人ほど。みんな体を鍛えているからか、ハツラツとしている。卓球もなかなかうまい。

男女ペアになって試合をしたところ、裕美さん、シュウさんペアが全勝。大いに盛り上がる。シュウさんはすっかり気を良くして、レストランでステーキをご馳走してくれた。卓球を毎日3時間やっているらしく、卓球の話は尽きない。子どもから高齢者まで、どんな国の人とも交流できるのが卓球の素晴らしさ。じつは私も卓球が好きなので、2025年の台湾開催のマスターズを目指そうかなと考え始める。

さまざまな世界に触れた盛りだくさんの一日。マレーシアの奥深さも感じて、ますますこの地が好きになる。

マレーシアで美味しかったもの

この国に来て、思いがけず美味しかったものがある。

中華料理、カレーは期待を超える美味しさ。それ以外に、恥ずかしながら見たことも聞いたこともなくて、「こんなのがあったの？」と感動したもののひとつが、ニョニャ料理だ。

簡単にいうと、マレー料理と中華料理のミックス。厳密にいうと、近隣のタイやインドネシア、統治していたイギリス、ポルトガルなどの影響も受けている多国籍料理なのだ。

ニョニャ料理は伝統的な家庭料理でもある。15世紀からビジネスチャンスを求めて移り住んだ中国人男性と、マレー人女性の間に生まれたお嬢さんを「ニョニャ」と呼び、彼女たちが作る料理はニョニャ料理と呼ばれるようになった。

多くは富裕層の家庭で、花嫁修業としてマレー人のお母さんたちから手ほどきを受けたので、食材や調理時間のコストは度外視して、手の込んだものに発展していった。ティータイムの文化もあったため、見た目うつくしいデザートも豊富。

ニョニャ料理は、ショッピングセンターのフードコートや路面店など、街のあちこちで見かける。私はレストラン街で、店頭に写真入りのメニューが貼ってあるカフェのような店に入った。

ご飯とお惣菜が何品か盛り付けられているワンプレートメニュー、単品メニューがあり、単品の野菜炒めと炒飯を注文。野菜炒めは、玉ねぎ、トマト、マッシュルーム、ヤングコーンなどに甘くて辛くて酸っぱいタレがかかっている。発酵調味料を多用するのが特徴らしく、醤油のような味噌のようなコクがあって深い味わいだ。

ハーブの利いた炒飯と一緒に食べたら、まるで和食の煮魚のタレをご飯にかけて食べるような絶妙な味だった。

デザートも期待できそうと調子にのって、メニューの写真から果物にチョコレートがかかったような一皿を注文したら、キュウリに砂糖醤油をかけたような味で、これは失敗。月餅のようなお菓子「クエ」でリベンジしたところ、こちらは安定の胡麻団子であった。

ニョニャ料理は、ペナンはタイの影響でハーブの利いたさっぱり味だったり、マラッカはインドネシアの影響でココナツミルクを多用してコクがあったりと、地域ならではの味があるとか。つぎの機会には食べ比べてみたいものだ。

2つめの初体験はABCというデザート。暑かったので休憩しようとフードコートに入ったら、ＡＢＣという看板を見つけた。

若い男性スタッフと「ＡＢＣってなに？」「ＡＢＣだよ」「だから、ＡＢＣはどんなもの？」「うーん、ＡＢＣ」……という押し問答をしたあと、彼は冷蔵庫から大きな氷を出して見せてくれた。

「あー、かき氷なのね。それを頂戴」と注文し、作り方を見ていると、なぜかいちばん下にスイートコーンを敷き詰め、シャカシャカと砕いた氷をのせる、ものすごくたっぷりのミルクをかける。色とりどりの寒天、真っ赤なシロップもかける。うわー、甘そうと恐る恐る食べたら、意外にさっぱりしていた。スイートコーンも合う合う。

ぐちゃぐちゃにかき混ぜると、ミルクヤーキのよう。ＡＢＣもアイスクリームがトッピングされたもの、いろいろな果物が入ったものなど、地域や店舗によって違うらしいので、これまた試してみたい。

最後に、とても大好きになって、何度も注文していたのが、ピンクグアバジュース。ホテルの朝食でも、カフェでも、空港のラウンジでも、あればこれを飲んだ。台湾在住のとき、よくジューススタンドで買っていたグアバジュースとはまったく違う。ピンク色のとろったとしたジュースで、桃のネクターをトロピカル風にしたような味わい。すっきりして喉ごしがいい。ビタミン、ミネラルをたっぷり含んで美容にも良さそう。

日本でも通販で探せば、商品になっているものを買えるのだろうが、その土地でしぼり立て果汁を飲むのとは、まったく別なんだろうな。

その場所で食べるから、美味しいのだ。

素敵な料理や飲み物を発見して、「なにこれ？　美味しい〜」と感動しながら味わうのは、幸せなひととき。旅では想像を超えてくる食べものに遭遇するので、楽しくてたまらない。

あぁ、またピンクグアバジュースが飲みたくなってきた。

羽田空港のカプセルホテルに泊まる

クアラルンプール空港を14時15分に出発、羽田空港到着は22時過ぎ。その日のうちに鹿児島に帰る便がないため、羽田空港内にあるカプセルホテルに泊まることにした。

年末だからか、周辺のホテルが空いていなくて、少し離れたところが空いていても価格が高騰。寝るだけなのに数万円払い、極寒のなか、電車と徒歩で時間をかけて往復するのはつらいものがある。旅の疲労もあるので、省エネの移動にしたい。

もしや、羽田空港にカプセルホテルがあるのでは？ と探してファーストキャビン羽田ターミナル1というホテルを発見。幸い、ひとつだけビジネスクラスキャビンという部屋が空いていた。

一度、成田空港のカプセルホテルに泊まったときは、空港に隣接する場所だったが、ファーストキャビンはターミナルのど真ん中といっていい。第1ターミナルにシャトルバスで着くと、その目の前。郵便局の隣に入り口はある。

フロントで女性フロアにつながるドアキーを渡されて、入って行くと、小さな部屋が並んでいる。飛行機のビジネスクラスをイメージしたものらしく、シングルベッドとテレビがあるだけだが、上下2段式ではないので、天井もわりと高く、圧迫感がない。ちなみに、ファーストクラスキャビンという部屋は、セミダブルベッドでスーツケースを広げるスペースもあり、ひとまわり広い。

ばーんとベッドに倒れ込む。あぁ、気持ちがいい。帰国して移動せずにすぐに横になれるなんて、幸せ過ぎる。

いやいや、ここで眠ってはいけないと、フロントで借りたルームウエアに着替え、大浴場に行く。幸い、人がいなくてゆっくり湯船につかり、旅の疲れを癒やす。あぁ、幸せ。

キャビンに戻ったあとは、記憶がないほど一瞬で爆睡した。

朝は出発の1時間半前に起きて、ゆっくり準備。搭乗口まで歩いて行けるとは、なんと楽ちんなことよ。

「空港内に泊まる」という選択肢ができると、旅の選択肢も広がる。国内旅行をするときも、最終便で来て、空港内で1泊し、どこかに始発で行くと、1日をたっぷり使える……などと、新しい旅の計画を考え始めると、止まらなくなる。

年を重ねると、カプセルホテルやドミトリーに泊まることに抵抗がある人もいるかもしれない。私も2泊以上は遠慮したいが、たまの1泊ならめずらしさもあり楽しめる。奄美大島に行くときもフェリーの2等客室に泊まったし。テントに泊まる。山小屋に泊まる。人の家に泊まる。車中泊……。「それもいいじゃない！」と面白がることができる自分であることで、旅の幸せの幅も広がると思うのだ。

そして日常の旅が始まる

飛行機では大抵、窓際の席に座っている私は、桜島が見えてくると、なんともいえず幸せな気分になる。「あぁ、帰って来た」と安堵する。

子どものころから毎日のように見ている山なのに、改めて「絵になる風景だなぁ」と思う。白い煙を噴いていたり、取り囲む海がキラキラと輝いていたり、家々がハッキリと見えたりして、新鮮な感動がある。

旅に出かけるのもワクワクして幸せだが、帰り着くのも「心地いい場所でゆっくりできる」と、ほっとする幸福感がある。いつものリクライニングチェアで一息つけるのは、ほんとうに幸せ。

旅から帰ると、日常という穏やかな旅が始まる。

旅をしたあとの日常は新鮮に映って、〝小さな幸せ〟を見つけやすくなる。

幸せの感度が高くなったことや、旅で幸せの貯金が貯まって、心に余裕ができたことからかもしれない。

駐車場の垣根に山茶花《さざんか》が咲いている。懐かしい人から連絡があった。地元産のミカンが美味しい。夕日がきれいだった……。そんなことが妙にうれしい。

「いまいる場所もすてきなところではないか！」と思えてくる。まわりの人がやさしい人に思えて、自分もやさしくしようと思う。日常の買い物や料理の感覚も新鮮で、新しいことに挑戦したくなる。仕事もまたがんばろうとも思えてくる……。

旅ができること、無事に帰って来られること、うまくいったこと、失敗したこと、美味しかったこと、感動したこと、面白かったこと、悲しめたこと、生きていること……すべてが幸せのことのように思えて、ふと胸が熱くなることもある。

ひとり旅は、私の心を少しずつ癒やし、元気にしてくれる。

幸せというのは、ぼんやりしていると見えにくくなる。

だから、いつも小さな幸せに目を向けて、ご機嫌に歩いて行きたいのだ。

遊覧船から見たピンク・モスク。
発展と伝統がほど良く混じって
心地いい街だった。

装幀・本文デザイン　横須賀拓
イラスト　鈴木あり
校正　有賀喜久子
ＤＴＰ　有限会社マーリンクレイン

本書は書き下ろし作品です。

有川真由美　ありかわ・まゆみ

作家、写真家。鹿児島県姶良市出身。台湾国立高雄第一科技大学修士課程修了。化粧品会社事務、塾講師、衣料品店店長、着物着付け講師、ブライダルコーディネーター、フリー情報誌編集者など、多くの転職経験を生かし、働く女性のアドバイザー的存在として書籍や雑誌などで執筆。著書に『感情の整理ができる女《ひと》は、うまくいく』『30歳から伸びる女《ひと》、30歳で止まる女《ひと》』『一緒にいると楽しい人、疲れる人』（以上PHP研究所）、『いつも機嫌がいい人の小さな習慣　仕事も人間関係もうまくいく88のヒント』（毎日新聞出版）など多数。

ご意見・ご感想は、
こちらのフォームからお寄せください。
https://bit.ly/sss-kanso

ひとり旅《たび》で見《み》つけた小《ちい》さな幸《しあわ》せ

２０２４年５月23日　第１刷発行

著　者　有川真由美《ありかわまゆみ》
発行者　碇　高明
発行所　株式会社草思社
〒１６０－００２２
東京都新宿区新宿１－10－１
電話　営業　03（４５８０）７６７６
　　　編集　03（４５８０）７６８０
本文組版　有限会社マーリンクレイン
印刷所　中央精版印刷株式会社
製本所　中央精版印刷株式会社

ISBN978-4-7942-2724-9 Printed in Japan 検印省略